Alfred Seidl

Der verweigerte FRIEDE

Deutschlands Parlamentär Rudolf Hess muß schweigen

Universitas

2. Auflage
© 1985 by Universitas Verlag, München
Alle Rechte vorbehalten
Schutzumschlag: Christel Aumann, München
Satz und Druck: Jos. C. Huber KG, Dießen
Binden: Thomas Buchbinderei, Augsburg
Printed in Germany
ISBN: 3-8004-1082-6

»Das hohe Alter und die angegriffene Gesundheit von Rudolf Heß rechtfertigen seit langem seine Freilassung aus seiner langdauernden Haft. Der Bundespräsident und die Bundesregierung setzen sich dafür – ebenso wie die Staats- und Regierungschefs der Drei Mächte – seit Jahren ein. Sie werden dies auch weiterhin tun...«

Der Bundesminister des Auswärtigen

Vorwort

Rudolf Heß, Reichsminister und »Stellvertreter des Führers« für den Bereich der Partei, sprang am 10. Mai 1941 aus einem Flugzeug der deutschen Luftwaffe mit dem Fallschirm über Schottland ab, um in Verhandlungen mit der britischen Regierung einen Waffenstillstand herbeizuführen und den Abschluß eines Friedensvertrages zwischen Deutschland und Großbritannien vorzubereiten. Es wurden auch Verhandlungen mit Vertretern der britischen Regierung geführt, spätestens aber am 15. Mai 1941 war sich die britische Regierung klar, daß sie Friedensverhandlungen nicht zu führen beabsichtige.

Rudolf Heß kam als Parlamentär im Sinne des Art. 32 der Haager Landkriegsordnung vom 18. Oktober 1907 nach England. Die britische Regierung hätte ihn daher nach Deutschland zurückschicken müssen, gegebenenfalls über ein neutrales Land, z. B. Portugal. Sie hat dies jedoch nicht getan, sondern ihn zurückbehalten und als Kriegsgefangenen behandelt. Im Oktober 1945 wurde er nach Nürnberg gebracht. Dort wurde er am 20. November 1945 vor dem Internationalen Militärtribunal (IMT) angeklagt.

Am 30. September/1. Oktober 1946 wurde Rudolf Heß von diesem Militärtribunal von der Anklage freigesprochen, Kriegsverbrechen (Anklagepunkt III) oder Verbrechen gegen die Menschlichkeit (Anklagepunkt IV) begangen zu haben. Er wurde mit der Begründung zu lebenslanger Freiheitsstrafe verurtcilt, an der Planung, Vorbereitung und Führung eines An-

7

griffskrieges oder eines Krieges unter Verletzung internationaler Verträge (»Verbrechen gegen den Frieden«, Anklagepunkte I und II) teilgenommen zu haben.

Am 18. Juli 1947 wurde er zusammen mit sechs anderen zu Freiheitsstrafen Verurteilten in das ehemalige Militärgefängnis nach Berlin-Spandau überstellt. In diesem Gefängnis, das unter der Verwaltung der USA, Großbritanniens, Frankreichs und der UdSSR steht, ist der nun 91 Jahre alte Rudolf Heß seit dem 1. Oktober 1966 der einzige Gefangene. Die Bundesrepublik Deutschland kommt für die Kosten der Unterhaltung dieses Gefängnisses jährlich mit einem Betrag von mehr als 2 Millionen DM auf.

Für die Verurteilung von Rudolf Heß wegen »Verbrechens gegen den Frieden« gibt es keine Rechtsgrundlage. Es hat bei Ausbruch des Krieges am 1. September 1939 keinen Satz des Völkerrechts gegeben, nach dem ein Staatsoberhaupt, Minister, General oder anderer staatlicher Organträger wegen einer solchen Handlung, also wegen der Beteiligung an der Planung, Vorbereitung und Führung eines Angriffskrieges oder eines Krieges unter Verletzung internationaler Verträge persönlich und strafrechtlich zur Verantwortung gezogen werden konnte. Es wurde immer nur der Staat als solcher haftbar gemacht. Diese Rechtsfrage stand im Mittelpunkt des Prozesses vor dem IMT in Nürnberg. Alle damit im Zusammenhang stehenden politischen, historischen und rechtlichen Fragen wurden von mir in der Anfang des vergangenen Jahres herausgegebenen Dokumentation »Der Fall Rudolf Heß 1941—1984, Dokumentation des Verteidigers«, erschienen 1984 im Universitas-Verlag, München

8

(ISBN 3-8004-10066-4) im einzelnen behandelt. Einen solchen Rechtssatz gibt es auch heute noch nicht. Dies ist völlig unbestritten. Auch die Praxis der Staaten in dieser Frage ist völlig eindeutig. Bei keinem der zahlreichen seit 1945 geführten Kriege wurde auch nur erwogen, die für diese Kriege verantwortlichen Staatsmänner persönlich und strafrechtlich zur Verantwortung zu ziehen und vor ein Strafgericht zu stellen.

Es ist im übrigen äußerst zweifelhaft, ob die Einführung eines solchen neuen Straftatbestands in die internationale Rechtsordnung kriegsverhindernd wirken würde. Professor Friedrich Berber führt in Band II seines Lehrbuchs des Völkerrechts (Kriegsrecht) dazu folgendes aus:

»Die vom Londoner Statut erfundene und nur einmal, gegen die Besiegten des 2. Weltkriegs, als Ausnahmerecht angewandte Verfolgung wegen sog. »Verbrechen gegen den Frieden« würde, auch wenn sie zur gewohnheitsrechtlichen oder konventionellen Regel würde, keinen wahren Fortschritt für das Völkerrecht bedeuten. Ihre Androhung würde nicht kriegsabschreckend wirken, da sie nur gegen den Besiegten durchführbar ist, kein Staat aber einen Krieg beginnt, wenn er nicht den Sieg für wahrscheinlicher als die Niederlage hält. Sieht aber ein Kriegführender im Verlaufe des Krieges die Wahrscheinlichkeit einer Niederlage auf sich zukommen, so wird die Androhung der Strafverfolgung wegen ›Verbrechen gegen den Frieden‹ auf seinen Friedenswillen hemmend, auf seinen

9

Widerstandswillen verhärtend einwirken und so zur Verlängerung des Krieges und zu seiner Totalisierung à l'outrance führen. Die Verfolgung von ›Verbrechen gegen den Frieden‹ ist kein konstruktiver Beitrag zur Kriegsverhütung. Wichtiger, als ihrem – in der Praxis bisher als undurchführbar erwiesenen – Ausbau nachzujagen, ist der systematische Ausbau eines konstruktiven Kriegsverhütungsrechts, das weniger die Repression als die Prävention als Hauptaufgabe ansieht, und einer auf Vertrauen und allseitiger Zusammenarbeit beruhenden Organisation und wachsenden Integration der internationalen Beziehungen.«

Das Urteil des IMT gegen Rudolf Heß ist nichtig, da er wegen einer Handlung verurteilt wurde, die weder früher strafbar war noch jetzt mit Strafe bedroht ist, und bei der es äußerst zweifelhaft ist, ob sie sinnvollerweise unter Strafe gestellt werden soll. Der fast völlig erblindete Rudolf Heß, der sich zudem in einem schlechten Gesundheitszustand befindet, wird also seit mehr als 44 Jahren ohne Rechtsgrund gefangengehalten. Dies ist nicht nur ein Verstoß gegen eine Reihe von Menschenrechtskonventionen, sondern erfüllt nach dem Recht aller zivilisierten Nationen auch den Tatbestand eines Verbrechens. Auch dies wird in der von mir Anfang des vergangenen Jahres herausgegebenen Dokumentation zu diesem Fall im einzelnen dargelegt.

Es kommt noch ein weiterer Nichtigkeitsgrund hinzu: Während des Prozesses vor dem IMT in Nürnberg stellte sich heraus, daß Deutschland und die UdSSR für den Fall des Scheiterns der vom Deutschen Reich mit Polen wegen Danzig und des polnischen Korridors geführten Verhandlungen in einem geheimen Zusatzprotokoll zum deutsch-sowjetischen Nichtangriffsvertrag vom 23. August 1939 die beiderseitigen Interessensphären abgegrenzt und folgendes vereinbart haben:

»Aus Anlaß der Unterzeichnung des Nichtangriffsvertrages zwischen dem Deutschen Reich und der Union der Sozialistischen Sowjetrepubliken haben die unterzeichneten Bevollmächtigten der beiden Teile in streng vertraulicher Aussprache die Frage der Abgrenzung der beiderseitigen Interessen-Sphären in Osteuropa erörtert. Diese Aussprache hat zu folgendem Ergebnis geführt:

1. Für den Fall einer territorial-politischen Umgestaltung in den zu den baltischen Staaten (Finnland, Estland, Lettland, Litauen) gehörenden Gebieten bildet die nördliche Grenze Litauens zugleich die Grenze der Interessensphären Deutschlands und der UdSSR. Hierbei wird das Interesse Litauens am Wilnaer Gebiet beiderseits anerkannt.

2. Für den Fall einer territorial-politischen Umgestaltung der zum polnischen Staate gehörenden Gebiete werden die Interessensphären Deutschlands und der UdSSR ungefähr durch die Linie der Flüsse Narew, Weichsel und San abgegrenzt.
Die Frage, ob die beiderseitigen Interessen

die Erhaltung eines unabhängigen polnischen Staates erwünscht erscheinen lassen und wie dieser Staat abzugrenzen wäre, kann endgültig erst im Laufe der weiteren politischen Entwicklung geklärt werden. In jedem Falle werden beide Regierungen diese Frage im Wege einer freundschaftlichen Verständigung lösen.

3. Hinsichtlich des Südostens Europas wird von sowjetischer Seite das Interesse an Bessarabien betont. Von deutscher Seite wird das völlige politische Desinteressement an diesen Gebieten erklärt.

4. Dieses Protokoll wird von beiden Seiten streng geheim behandelt werden.«

In Ausführung dieser geheimen Absprachen ist nach dem Scheitern der Verhandlungen mit Polen die deutsche Wehrmacht am 1. September 1939 in Polen eingerückt. Die Rote Armee hat in Ausführung dieses geheimen Planes, um in der Sprache des Statuts für das IMT zu sprechen, am 17. September 1939 nach zeitlicher Abstimmung mit dem OKW die polnische Ostgrenze überschritten und 200.000 qkm des insgesamt 380.000 qkm umfassenden polnischen Staatsgebietes besetzt. Die UdSSR ist in Nürnberg trotzdem als Gesetzgeber, Ankläger und Richter aufgetreten. Sie war also Richter in eigener Sache. Daß dem nicht so sein dürfe, ist allgemeine Rechtsüberzeugung. Die sich daraus ergebenden rechtlichen Konsequenzen wurden von mir ebenfalls in der Dokumentation »Der Fall Rudolf Heß 1941—1984« eingehend dargestellt. Am einfachsten und verständlichsten hat sie die in London erscheinende Wochenzeitung THE ECONOMIST in einer Besprechung des Urteils des IMT in ihrer Ausgabe vom 5. Oktober 1946 gezogen:

»Während der Verhandlungen ließ der Verteidiger Rechtsanwalt Dr. Seidl Zeugen auftreten, die – einschließlich des Freiherren von Weizsäcker, Staatssekretär im Auswärtigen Amt von 1938 bis 1943 – über einen Geheimvertrag aussagten, der dem Nichtangriffsvertrag beigefügt war und die Gebietsaufteilung von sechs europäischen Staaten zwischen Deutschland und der Sowjetunion vorsah. Die Anklagevertretung machte keinen Versuch, diese Aussage zu widerlegen. Trotzdem nimmt das Gericht überhaupt nicht davon Notiz. Ein derartiges Stillschweigen zeigt leider, daß der Nürnberger Gerichtshof nur innerhalb gewisser Grenzen ein unabhängiger Gerichtshof war. In einem ordentlichen Strafgerichtsverfahren würde es sicherlich ein bemerkenswerter Fall sein, wenn ein Richter in einer Verhandlung gegen einen Mörder eine Aussage über den Anteil, den ein Mithelfer an dem Mord hat, unberücksichtigt lassen würde, weil die Aussage offenbarte, daß der Richter selbst der Mithelfer gewesen war. Daß niemand in dem Nürnberger Prozeß eine solche Verschweigung für außergewöhnlich hält, zeigt, wie weit wir von etwas entfernt sind, was »eine Herrschaft des Rechts« in internationalen Angelegenheiten genannt werden kann. Großbritannien und Frankreich haben beide den Ausschluß der Sowjetuni-

13

on aus dem Völkerbund wegen ihres unprovo-
zierten Angriffs auf Finnland 1939 betrieben.
Dieses Urteil besteht noch und ist durch keine
späteren Ereignisse geändert worden. Im Jahre
1939 rühmte sich Moskau offen der militärischen
Zusammenarbeit mit Deutschland zur Zerstörung von Polen, diesem häßlichen Geschöpf des
Versailler Vertrages, und Ribbentrop zitierte in
seinem Schlußwort ein Glückwunschtelegramm
von Stalin zum Beweis, daß die Sowjetunion den
Krieg gegen Polen damals nicht als einen An-
griffskrieg betrachtete. Der Gegensatz zwischen
1939 und 1946 ist in der Tat phantastisch, und es
steht zu erwarten, daß alle Geschichtsschreiber
in der Zukunft und alle Deutschen in der Gegenwart ihn erkennen werden.«

In den letzten Jahrzehnten seit Verkündung des Urteils des IMT wurde der Fall Rudolf Heß u. a. vor die
Europäische Kommission für Menschenrechte in
Straßburg, vor das Bundesverwaltungsgericht und das
Bundesverfassungsgericht, vor das Europäische Par-
lament in Straßburg und vor die Vereinten Nationen
gebracht. Über diese Schritte, die Freilassung von Rudolf Heß zu erreichen, wird ebenfalls in der Dokumentation »Der Fall Rudolf Heß 1941–1984« im einzelnen berichtet (S. 279 ff.).
Leser, die kein besonderes Interesse an Fragen des
Völkerrechts haben, können natürlich das Rechtsgutachten von Prof. Dr. Blumenwitz, mit dem diese Dokumentation beginnt, übergehen und sich sofort der
Lektüre meiner Eingabe an die vier Gewahrsamsmächte vom 7. September 1984 zuwenden, die den

Kern dieser Abhandlung bildet (S. 56). Das Verständnis der Dokumentation wird dadurch nicht beeinträchtigt, da der wesentliche Inhalt des Rechtsgutachtens auch in der Eingabe vom 7. September 1984 wiedergegeben wird.

München, im Februar 1985   Alfred Seidl

Rudolf Heß kam am 10. Mai 1941 als Parlamentär nach England

Rudolf Heß war bei seinem Flug nach England am 10. Mai 1941 deutscher Parlamentär und als solcher nach Art. 32 der Haager Landkriegsordnung vom 18. Oktober 1907 völkerrechtlich geschützt. Diese Unverletzlichkeit schützte ihn nicht nur in seiner körperlichen Unversehrtheit und vor Gefangennahme, sondern auch vor Verurteilung für eventuelle Taten, die er vor Antritt seiner Mission begangen hat. Er hätte daher auch nicht im November 1945 vor dem Internationalen Militärtribunal in Nürnberg angeklagt werden dürfen.

Da die Rechtsstellung des Parlamentärs nach den Art. 32 ff. der Haager Landkriegsordnung in der völkerrechtlichen Literatur recht verstreut behandelt wird, habe ich Professor Dr. Dieter Blumenwitz, Inhaber des Lehrstuhls für Völkerrecht, Staatsrecht und politische Wissenschaften an der Universität Würzburg, gebeten, die im Zusammenhang mit dem Flug von Rudolf Heß und den von ihm mit der britischen Regierung geführten Verhandlungen aufgeworfenen Rechtsfragen in einem Rechtsgutachten zu untersuchen.

Das von Professor Dr. Blumenwitz am 30. August 1984 erstattete Rechtsgutachten hat folgenden Wortlaut:

In einem Rechtsgutachten soll zu der Frage Stellung genommen werden, ob Rudolf Heß bei seinem Flug nach Großbritannien am 10. Mai 1941 unter dem völkerrechtlichen Schutz des Parlamentärs stand. Dem liegt folgender

Sachverhalt

zugrunde. Rudolf Heß, Stellvertreter des Führers des Deutschen Reiches, flog am 10. Mai 1941 allein in einem Flugzeug der deutschen Luftwaffe nach Großbritannien, um die britische Regierung zur Aufnahme von Waffenstillstandsverhandlungen mit dem Deutschen Reich zu bewegen. Nach der Ablehnung aller Friedensangebote von Hitler nach dem Feldzug gegen Polen und nach dem Waffenstillstand mit Frankreich wollte Heß dazu die Friedensvorschläge Hitlers an die britische Regierung überbringen. Dazu gehörten insbesondere:

– die Abgrenzung der Interessensphären Großbritanniens und der Achsenmächte,
– die Rückgabe der deutschen Kolonien,
– die Entschädigung deutscher und britischer Staatsangehöriger und
– der Waffenstillstand und Friedensschluß mit Italien zu gleicher Zeit.

Hier und im folgenden soll davon ausgegangen werden, daß Heß dazu in irgendeiner Form von Hitler bevollmächtigt war.
Heß benutzte für seinen Flug am 10. Mai 1941 eine Me 110, einen Zerstörer der deutschen Luftwaffe, aus

dem die Kanonen und Maschinengewehre ausgebaut bzw. unbrauchbar gemacht worden waren. Er selbst trug bei dem Flug die Uniform eines Hauptmannes der Luftwaffe. Über Schottland sprang er mit dem Fallschirm ab. Einen Tag später, am 11. Mai 1941, fand die Unterredung mit dem Herzog von Hamilton statt; am 13. bis 15. Mai 1941 folgten drei Unterredungen mit dem Beauftragten der britischen Regierung, Sir Ivone Kirkpatrick. Nach Abschluß der Verhandlungen wurde Rudolf Heß nicht zurückgesandt, sondern von Großbritannien festgehalten.

Am 1. Oktober 1946 wurde er vom Internationalen Militärtribunal (IMT) in Nürnberg mit der Begründung zu lebenslanger Freiheitsstrafe verurteilt, an der Planung, Vorbereitung und Führung eines Angriffskrieges teilgenommen zu haben. im Jahre 1947 wurde er in das Alliierte Militärgefängnis in Berlin-Spandau verbracht, wo er seit dem 1. Oktober 1966 der einzige Gefangene ist.

Das Rechtsgutachten folgt folgender Gliederung:

Gliederung:

I. Definition des Parlamentärs

II. Die Anwendbarkeit des Art. 32 der Haager Land-kriegsordnung
   1) Teleologische Auslegung
   2) Der Gebrauch des Flugzeugs

III. Die Voraussetzungen des Art. 32 der Haager Landkriegsordnung
   1) Die Person des Parlamentärs
   2) Die Begleitung des Parlamentärs
   3) Die weiße Flagge
   4) Die Frage der Bewaffnung
   5) Die Bevollmächtigung
     a) Die Beweislast bezüglich der Bevollmächtigung
     b) Das Erfordernis einer besonderen Bevollmächtigung
       (1) Der ermächtigte Truppenkommandeur
       (2) Die Geltung als Vertreter des Staates kraft der Funktion
         (a) Die Anwendbarkeit der Wiener Vertragsrechtskonvention
         (b) Die Befugnis zur Verhandlung nach der Wiener Vertragsrechtskonvention
     c) Die Art der Bevollmächtigung
     d) Die Möglichkeit des Empfangsstaates, sich auf den mangelnden Nachweis der Bevollmächtigung zu berufen

19

Gutachten

Prüfungsgegenstand dieser gutachtlichen Stellungnahme ist die Frage, ob Rudolf Heß bei seinem Flug nach Großbritannien am 10. Mai 1941 unter dem völkerrechtlichen Schutz des Parlamentärs stand.

I. Definition des Parlamentärs

Sedes materiae der völkerrechtlichen Regelung des Parlamentärs ist das dritte Kapitel der Haager Landkriegsordnung,

> (Ordnung der Gesetze und Gebräuche des Landkriegs, Anlage zum 2. Abkommen, betreffend die Gesetze und Gebräuche des Landkriegs (IV. Haager Abkommen) vom 18. Oktober 1907; internationale Quelle: Martens NRG 3ième ser. toure 3, S. 461–503; zum authentischen französischen Text siehe G. Fahl (Hrsg.), Internationales Recht der Rüstungsbeschränkung, Bd. H–1.2.; zur deutschen Übersetzung vgl. Ders., aaO., oder F. Berber (Hrsg.), Völkerrecht-Dokumentensammlung, Bd. II Konfliktsrecht, S. 1896 ff.)

deren Artikel 32 Satz 1 eine Legaldefinition des Parlamentärs enthält:

»Als Parlamentär gilt, wer von einem der Kriegsführenden bevollmächtigt ist, mit dem anderen in Unterhandlungen zu treten, und sich mit der weißen Fahne zeigt.«

In Zeiten des bewaffneten Konfliktes, in denen der normale diplomatische Verkehr zwischen den Parteien unterbrochen wird, müssen andere Möglichkeiten der Kommunikation an seine Stelle treten. Dazu gehören nicht nur die Vermittlungen einer Schutzmacht oder einer internationalen Hilfsorganisation, sondern auch – insbesondere bei der Notwendigkeit unmittelbarer Verhandlungen zwischen den kämpfenden Parteien – die Verhandlungen durch den Parlamentär.

(Vgl. H. Knackstedt, Parlamentäre, in: K. Strupp/H.-J. Schlochauer (Hrsg.), Wörterbuch des Völkerrechts, Bd. 2 (Berlin 1961), S. 740.)

Bei diesen Verhandlungen geht es in der Regel um Vereinbarungen über humanitäre Angelegenheiten wie etwa den Austausch von Verwundeten und Kranken oder um Übereinkünfte über Kapitulationen oder Waffenstillstände. Um seiner Funktion gerecht werden zu können, genießt der Parlamentär nach Artikel 32 Satz 2 der Haager Landkriegsordnung Unverletzlichkeit, d. h. es darf weder auf ihn geschossen noch darf er nach den Verhandlungen als Kriegsgefangener zurückgehalten werden.

(Vgl. dazu E. Vanselow, Völkerrecht – Einführung in die Praxis der Staaten (Berlin 1931), S. 230 f. und unter IV. Die Rechtsstellung des Parlamentärs beruht auf uraltem Völkergewohnheitsrecht. Für den Landkrieg wurde es in den Art. 32–34 der Haager Landkriegsordnung kodifiziert. Vgl. dazu F. Berber, Lehrbuch des Völkerrechts, Bd. II, Kriegsrecht, 2. Auflage (München 1969), S. 80 f.)

Dieser völkerrechtliche Schutz setzt zum einen voraus, daß Art. 32 der Haager Landkriegsordnung auf den Flug von Rudolf Hes vom 10. Mai 1941 anwendbar ist, und zum anderen, daß die Voraussetzungen des Artikels 32 selbst erfüllt sind.

II. Die Anwendbarkeit des Artikels 32 der Haager Landkriegsordnung

1) *Teleologische Auslegung*
   Der Schutz des Parlamentärs soll alle im bewaffneten Konflikt notwendigen unmittelbaren Verhandlungen zwischen den kämpfenden Einheiten ermöglichen, zu denen unzweifelhaft auch Waffenstillstandsverhandlungen zählen.

   (Vgl. H. Knackstedt, aaO, S. 740 f.; E. Vanselow, aaO., S. 230 f.; H. Neuhold/W. Hammer/C. Schreuer, Österreichisches Handbuch des Völkerrechts, Bd. 1 (Wien 1983), S. 402.)

Waffenstillstandsvereinbarungen können aber zum Gegenstand nur solche Fragen haben, die den Konflikt und seine unmittelbaren Auswirkungen betreffen, z. B. Kriegsgefangene oder Verwundete. Politische Fragen können in solchen Vereinbarungen keiner Regelung zugeführt werden.

(E. Castrén: The Present Law of War and Neutrality (Helsinki 1954), S. 129.)

Daraus könnten Zweifel um die Anwendbarkeit des Artikels 32 der Haager Landkriegsordnung im vorliegenden Fall aufkommen, nachdem laut Sachverhalt Rudolf Heß mit dem Flug nicht nur die Aufnahme von Waffenstillstandsvereinbarungen bezweckte, sondern auch das Überbringen von Friedensvorschlägen, die Abgrenzungen von Interessensphären der Achsenmächte und Englands enthielten. Damit sollten auch politische Fragen Inhalt der Verhandlungen sein, was thematisch üblicherweise Gegenstand von Friedensverhandlungen zwischen den Regierungen der Konfliktparteien ist

(Zum Gegenstand von Friedensverträgen vgl. F. Berber, Lehrbuch, aaO., Bd. II, S. 103 ff. sowie E. Castrén, aaO., S. 134 ff.)

und somit nicht unter den Normzweck des Artikels 32 der Haager Landkriegsordnung fällt.

Während im Hinblick auf diesen Normzweck
Friedensvertragsverhandlungen und Unterre-
dungen zu einem Waffenstillstand, der dem
Friedensvertrag häufig vorausgeht,

(F. Berber, Lehrbuch, aaO., Bd. II, S. 103;
E. Castrén, aaO., S. 134 ff; U. Scheuner,
Friedensvertrag, in: K. Strupp/H.-J. Schlochauer, Wörterbuch des Völkerrechts, Bd.
1 (Berlin 1960), S. 591.)

dem Prinzip nach streng zu trennen sind, ist die
Unterscheidung in der Praxis oft schwierig.
Früher rein militärischer Natur, hat der Waffenstillstand seit dem ersten Weltkrieg durch
Aufnahme politischer und territorialer Klau-
seln immer mehr den Charakter eines Vorfrie-
dens angenommen.

(Vgl. U. Scheuner, aaO., S. 591. So legte
die Sowjetunion in ihren Waffenstillstands-
verträgen mit Rumänien, Finnland, Bulgarien und Ungarn von 1944/45 bereits die territorialen Bestimmungen der späteren Friedensverträge der Alliierten mit diesen Ländern von 1947 fest. Siehe dazu E. von Putt-
kamer, Friedensverträge der Alliierten mit
Bulgarien, Finnland, Italien, Rumänien
und Ungarn von 1947, in: K. Strupp/H.-J.
Schlochauer (Hrsg.), Wörterbuch des Völkerrechts, Bd. 1 (Berlin 1960), S. 598 ff.)

Aus diesem Grunde muß derjenige Unterhändler, der in Waffenstillstandsverhandlungen, welche die Beendigung von Feindseligkeiten zum Ziel haben, politische und territoriale Fragen mit einbezieht, nicht weniger schutzwürdig erscheinen als derjenige, der nur auf den Konflikt selbst begrenzte Waffenstillstandsverhandlungen führt. Dies gilt insbesondere dann, wenn die Regelung der territorialen und politischen Probleme Voraussetzung für das Zustandekommen des Waffenstillstandes ist. Insoweit ist wegen des komplexen Gegenstandes der Verhandlungen von Rudolf Heß Artikel 32 der Haager Landkriegsordnung nicht unanwendbar.

2) *Der Gebrauch des Flugzeugs*

Ebensowenig steht der Anwendung der Haager Landkriegsordnung im Wege, daß Rudolf Heß zur Beförderung nach Großbritannien ein Flugzeug benutzte. Parlamentäre werden heute vielfach im Auto, Boot oder Flugzeug befördert.

(Vgl. E. Castrén, aaO., S. 155; E. Vanselow, aaO., S. 231.)

Es könnte jedoch die Anwendbarkeit der Haager Landkriegsordnung mit der Begründung bezweifelt werden, daß durch den Flug Heß so unvermittelt als Unterhändler erschien, daß eine freie Entscheidung darüber, ob er als Parlamentär empfangen werden soll, nicht mehr hätte getroffen werden können; diese Entscheidungsfreiheit, die Artikel 33 der Landkriegsordnung normiert,

(»Der Befehlshaber, zu dem ein Parlamentär gesandt wird, ist nicht verpflichtet, ihn unter allen Umständen zu empfangen.«)

sei aber Voraussetzung der Anwendbarkeit dieser Regelung. Dem ist entgegenzuhalten, daß sowohl der Sinn und Zweck des Parlamentärs als auch der Wortlaut von Artikel 33 der Landkriegsordnung dafür sprechen, daß der Parlamentär auch unerwartet zu Verhandlungen erscheinen kann. Sinn und Zweck der Institution des Parlamentärs ist es, in Konfliktzeiten die besonders erschwerte Kommunikation zwischen den Parteien zu ermöglichen. Dies ist von großer Bedeutung, weil er fast ausschließlich aus humanitären Gründen in Aktion tritt.

(Vgl. H. Knackstedt, aaO., S. 740 f. sowie oben I 1.)

Dieser Sinn der Regelung würde vereitelt, wollte man eine Anmeldung des Parlamentärs zur Voraussetzung seines völkerrechtlichen Schutzes machen. So wird diese Anforderung in der Praxis auch nicht gestellt.

(E. Castrén, aaO., S. 155 f; H. Knackstedt, aaO., S. 740 ff.; E. Vanselow, aaO., S. 230 f.)

Auch der Wortlaut des Artikels 33 spricht dafür, daß der Parlamentär jederzeit kommen kann. So ist der empfangende Befehlshaber ja nur nicht verpflichtet, ihn »unter allen Umständen zu empfangen«.

(Solche Umstände, die zur Ablehnung eines Parlamentärs führen können, wären z. B. gegeben, wenn er sich inmitten eines entscheidenden Gefechtes zeigte. Vgl. dazu K. Strupp, Das internationale Landkriegsrecht, Frankfurt 1914, S. 85.)

Auch ist nicht bekannt, daß Großbritannien eine Erklärung dahingehend abgegeben hat, für eine befristete Zeit oder überhaupt keine Parlamentäre empfangen zu wollen.

(Ob eine solche Erklärung überhaupt zulässig wäre, ist umstritten (Vgl. K. Strupp, aaO., S. 85), wird aber überwiegend abgelehnt. (Vgl. E. Castrén, aaO., S. 155; H. Knackstedt, aaO., S. 742; K. Strupp, aaO., S. 85; teilweise a. A. A. Waltzog, Recht der Landkriegsführung, Berlin 1942, S. 58.) Eine Ausnahme gilt dann, wenn sich die Verweigerungserklärung als eine Repressalie gegen einen festgestellten groben Mißbrauch der Parlamentärsflagge durch den Gegner richtet (vgl. dazu H. Knackstedt, aaO., S. 742).

Zudem ist auch dann, wenn der Parlamentär unvermittelt und aus unerwarteter Richtung kommt, die Entscheidung im Sinn des Artikels 33 dem empfangenden Befehlshaber unbenommen. Er kann auch zu diesem Zeitpunkt entscheiden, ob er den Parlamentär empfangen oder zurücksenden will. Im Falle von Rudolf Heß wäre es ein leichtes gewesen, ihn entweder mit einem Flugzeug zurückzuschicken oder aber ihn mit anderen Transportmitteln nach Deutschland oder in ein neutrales Land wie etwa Portugal zu senden.

Artikel 32 der Haager Landkriegsordnung ist demnach auf die »Friedensmission« von Rudolf Heß durchaus anwendbar.

III. Die Voraussetzungen des Artikels 32 der Haager Landkriegsordnung

Die Frage, ob Rudolf Heß durch die Haager Landkriegsordnung als Parlamentär geschützt ist, bedarf zu ihrer Beantwortung der sorgfältigen Prüfung der Voraussetzungen des Artikels 32.

1) *Die Person des Parlamentärs*
Parlamentär ist zumeist ein Offizier, braucht es aber keineswegs zu sein.

(Vgl. H. Knackstedt, aaO., S. 742.)

Nicht nur Soldaten, sondern auch Zivilisten können als Parlamentär gesandt werden. Meist sind es Personen, die mit der Regelung des Parlamentärs vertraut sind und die Sprache des Gegners sprechen.

(P. Fauchille, Traité de droit international public, Bd. 2, Guerre et Neutralité, Paris 1921, S. 321; M. Greenspan, The Modern Law of Land Warfare, Los Angeles 1959, S. 382.)

Notwendige Voraussetzung ist dies hingegen nicht, nachdem der Dolmetscher zum möglichen Begleitpersonal des Parlamentärs zählt.

(Vgl. Artikel 32 Satz 2 der Haager Landkriegsordnung und dazu M. Greenspan, aaO., S. 381 f.)

Rudolf Heß würde demnach zum typischen Personenkreis zählen, aus dem Parlamentäre üblicherweise rekrutiert wurden. Heß war Offizier – er trug bei seinem Flug die Uniform eines Hauptmanns der Luftwaffe – und mußte demnach ausreichende Kenntnisse des Kriegsrechts gehabt haben.

2) *Die Begleitung des Parlamentärs*
Als Begleitung eines Parlamentärs sind in Artikel 32 der Haager Landkriegsordnung der Trompeter, Hornist oder Trommler, Fahnenträger und der Dolmetscher erwähnt. Nachdem Rudolf Heß allein in einer Me 110 nach Großbritannien flog, bedarf es eines näheren

Eingehens auf die Frage, ob diese Begleitung notwendige Voraussetzung für den völkerrechtlich geschützten Status des Parlamentärs ist oder zumindest ein Indiz dafür oder dagegen sein kann, ob es sich bei einem bestimmten Unterhändler um einen Parlamentär handelt.

Die Frage war früher streitig.

(So vertritt beispielsweise P. Fauchille (aaO., S. 231) die Ansicht, daß Trompeter, Hornist oder Trommler einerseits sowie der Fahnenträger andererseits zum unerläßlichen Begleitpersonal gehören, während nur der Dolmetscher je nach Bedarf zur Begleitung gehört. Anders aber schon A. Zorn, Das Kriegsrecht zu Lande in seiner neuesten Gestaltung, Berlin 1906, S. 195.)

Grundlage der früher unterschiedlichen Auffassungen ist das Faktum, daß die Brüsseler Deklaration von 1874 die Begleitung noch zwingend vorschrieb, dieses Erfordernis aber bereits auf der Haager Konferenz von 1899 abgeschafft wurde.

(Vgl. A. Waltzog, Recht der Landkriegführung, Berlin 1942, S. 59; A. Zorn, aaO., S. 195.)

Heute ist die herrschende Meinung im völkerrechtlichen Schrifttum, daß eine Begleitung des Parlamentärs rein fakultativ ist und er auch bei alleinigem Erscheinen den vollen Schutz eines Parlamentärs genießt.

(Ebenso E. Castrén, aaO., S. 155; M. Greenspan, aaO., S. 381; wohl auch H. Knackstedt, aaO., S. 741; so ausdrücklich A. Waltzog, aaO., S. 59; A. Zorn, aaO., S. 195.)

Der alleinige Flug von Rudolf Heß spricht demnach in keiner Weise gegen seine Anerkennung als Parlamentär.

3) *Die weiße Flagge*
Der Parlamentär gibt sich durch eine weiße Flagge zu erkennen. Dies gilt auch dann, wenn er ein Flugzeug als Transportmittel benutzt.

(E. Castrén, aaO., S. 155; E. Vanselow, aaO., S. 231.)

Dieses Zeichen, das lediglich Erkennungssignal ist, zeigt den Wunsch und die Bereitschaft an, mit dem Gegner in Nachrichtenaustausch oder Verhandlungen zu treten. Dieses Zeichen ist indes kein zwingendes Merkmal. So ist beispielsweise nicht geregelt, welches Zeichen während der Dunkelheit die weiße Flagge vertreten soll.

(E. Vanselow, aaO., S. 231.)

Auch steht es den Parteien frei, ein ganz anderes Zeichen zu vereinbaren,

(Vgl. H. Knackstedt, aaO., S. 742.)

das unmissverständlich und auf weite Distanzen erkennbar sein sollte.

(So bereits A. Rolin, Le droit moderne de la guerre, Bd. 1 (Brüssel 1920), S. 388. So ordnete beispielsweise General MacArthur an, daß der japanische Vertreter zu den Kapitulationsverhandlungen im August 1945 in einem weißen Flugzeug gebracht werden soll; ähnlich der Befehl des Admirals Mountbatten bezüglich der Beförderung des japanischen Gesandten nach Rangoon am 26. August 1945. Vgl. J.M. Spaight, Air Power und War Rights (London 1947), S. 134 und dazu M. Greenspan, aaO., S. 380.)

Dies Risiko mangels Deutlichkeit des Zeichens nicht als Parlamentär erkannt zu werden und vom Gegner als bewaffneter Kombattant bekämpft zu werden, trägt der Parlamentär.

(Vgl. A. Rolin, aaO., S. 388.)

4) *Die Frage der Bewaffnung*
Der Parlamentär kommt in friedlicher Absicht. Insofern entspricht es dieser Absicht sowie seiner Funktion, wenn der Parlamentär bei seiner Mission unbewaffnet ist. Dennoch gibt es in der Haager Landkriegsordnung keine Be-

33

stimmung darüber, daß der Parlamentär waffenlos erscheinen muß,

(Darauf weist insbesondere A. Waltzog, aaO., S. 59, hin. Demgegenüber wird der bewaffnete Parlamentär es sich aber gefallen lassen müsssen, daß man ihm die Waffen an vorderster Front abnimmt, und sie bis zu seiner Rückkehr vom empfangenden Befehlshaber verwahrt.)

obgleich es in der Praxis die Regel ist. Rudolf Heß hat zwar bei seinem Flug am 10. Mai 1941 eine deutsche Militärmaschine, eine Me 110, geflogen, doch ließ er vor dem Flug alle Bordwaffen aus dem Flugzeug ausbauen bzw. unbrauchbar machen. Er war damit unbewaffnet. Gerade diese Tatsache spricht für die von ihm intendierte Stellung eines Parlamentärs, da dieses Faktum die friedliche Absicht von Heß in besonderer Weise unterstreicht.

5) *Die Bevollmächtigung*
Weitere Voraussetzung des Art. 32 der Haager Landkriegsordnung ist, daß der Parlamentär von einem der Kriegführenden bevollmächtigt ist, mit dem anderen in Unterhandlungen zu treten.

a) *Die Beweislast bezüglich der Bevollmächtigung.*
Zunächst ist zu bemerken, daß es Sache des Parlamentärs ist nachzuweisen, daß seine

Mission die völkerrechtlichen Anforderungen der Tätigkeit eines Parlamentärs erfüllt.

(Vgl. E. Castrén, aaO., S. 155; K. Strupp, aaO., S. 85.)

Er trägt demgemäß auch die Beweislast hinsichtlich seiner ordnungsgemäßen Bevollmächtigung.

b) *Das Erfordernis einer besonderen Bevollmächtigung*
Streng davon zu trennen ist die Frage, welcher Art die angeforderte Bevollmächtigung sein muß und ob es in jedem Fall einer besonderen Bevollmächtigung bedarf. Die letztere Frage soll zunächst beantwortet werden. Zwei Fälle sind denkbar, in denen das Erfordernis einer besonderen Bevollmächtigung entfällt.

(1) *Der ermächtigte Truppenkommandeur*
Vom Völkerrecht her gesehen werden Truppenkommandeure als ermächtigt angesehen, Vereinbarungen völkerrechtlicher Art über Kapitulationen, Waffenruhen und Waffenstillstände abzuschließen, ohne daß das Völkerrecht diese Ermächtigung an bestimmte Dienststellungen knüpft.

(H. Knackstedt, aaO., S. 741. Davon zu trennen, aber für den vorliegenden Fall unerheblich, ist die Fra-

35

ge, ob der jeweilige Offizier nach seinem innerstaatlichen Recht dazu ermächtigt ist.)

Nach A. Waltzog betrifft dies sogar den jeweilig Kommandierenden der vorgeschobenen Einheit.

(aaO., S. 58.)

Wenn ein solcher Truppenkommandeur einen Parlamentär entsendet, so bedarf dieser natürlich einer Bevollmächtigung. Das Erfordernis einer solchen besonderen Bevollmächtigung für den Einzelfall entfällt hingegen, wenn dieser Kommandeur selbst als Parlamentär geht.

(So H. Knackstedt, aaO., S. 741 und A. Waltzog, aaO., S. 58.)

Der Flug von Rudolf Heß kann indessen nicht ein Anwendungsfall dieser Ausnahme sein, nachdem die Ermächtigung des Truppenkommandeurs sich nur auf Vereinbarungen hinsichtlich der ihm unterstellten Truppen beziehen kann, Heß aber im Gegensatz dazu Vereinbarungen bezüglich der gesamten deutschen Streitkräfte aushandeln wollte. Es läßt sich auch nicht argumentieren, Heß müsse als Stellvertreter des

Führers, des Oberbefehlshabers der gesamten Streitkräfte, als ermächtigt betrachtet werden, Waffenstillstandsvereinbarungen mit Wirkung für die Wehrmacht zu treffen, und somit keiner besonderen Bevollmächtigung als Parlamentär bedürfe, denn als Stellvertreter brauchte er dafür die Bevollmächtigung durch denjenigen, den er vertrat.

(2) *Die Geltung als Vertreter des Staates kraft der Funktion*
Einer besonderen Bevollmächtigung zum Parlamentär bedurfte Rudolf Heß dann jedenfalls nicht, wenn er kraft seiner Funktion als Vertreter des Deutschen Reiches betrachtet wurde und auf diese Weise zum Aushandeln der angesprochenen Waffenstillstandesvereinbarungen völkerrechtlich befugt war.

(a) *Die Anwendbarkeit der Wiener Vertragsrechtskonvention*
Diese Befugnis könnte sich nur dann aus der Wiener Konvention über das Recht der Verträge vom 23. Mai 1969

(Zum authentischen Wortlaut siehe United Nations Conference on the Law of Treaties, Off. Rec. Documents of the Conference (UN Doc. A/CONF. 39/ 11/Add. 2) New York 1971, S. 287 oder in ZaöRV Bd. 29 (1969), S. 711. Inoffizielle deutsche Übersetzung des Instituts für Internationales Recht an der Universität Kiel, in: JIR, Bd. 15 (1971), S. 725 und bei F. Berber (Hrsg.), Völkerrechtliche Verträge, Bd. 1, S. 118.)

ergeben, wenn deren Grundsätze während des Zweiten Weltkriegs schon anwendbar waren. Die Konvention ist zwar erst am 27. Januar 1980 in Kraft getreten, nachdem die geforderten 35 Staaten durch Beitritt oder Ratifikation Partei dieses Übereinkommens geworden sind, doch ist die Konvention in weiten Teilen eine Kodifikation bestehenden Völkergewohnheitsrechts. Nachdem auch Waffenstillstandsabkommen ihrer Natur nach völkerrechtliche Verträge sind,

(Zur Legaldefinition des Waffenstillstands vgl. Artikel 36 der Haager Landkriegsordnung: »Der Waffenstillstand unterbricht die Kriegsunternehmungen kraft eines wechselseitigen

Übereinkommens der Kriegs-
parteien.«
Vgl. dazu F. Berber, Lehrbuch,
aaO., Bd. 2, S. 83 ff.)

steht der Anwendung der Wiener
Vertragsrechtskonvention nichts im
Wege.

(b) *Die Befugnis zur Verhandlung nach
der Wiener Vertragsrechtskonvention*
Falls Rudolf Heß im vorliegenden
Fall als »Vertreter eines Staates für
die Annahme oder Bestätigung
eines Vertragstextes oder für die
Abgabe der Erklärung, die die Zustimmung eines Staates zum Ausdruck bringt, an einen Vertrag gebunden zu sein«

(Vgl. Artikel 7 Absatz 1 der
Wiener Vertragsrechtskonvention.)

betrachtet werden kann, so war er
befugt, darüber Verhandlungen zu
führen und brauchte demnach dazu
keine besondere Bevollmächtigung, um als Parlamentär völkerrechtlich geschützt zu sein.
Gemäß Artikel 7 Abs. 1 der Konvention ist Voraussetzung dieser
Befugnis grundsätzlich entweder

die Vorlage einer entsprechenden Vollmacht oder der sich aus der Praxis ergebende Verzicht der Staaten auf eine solche Vollmacht. Als Ausnahme werden aber ohne Vorlage einer Vollmacht kraft ihrer Funktion auch Staatsoberhäupter, Regierungschefs und Außenminister als Vertreter ihrer Staaten angesehen und damit als befugt betrachtet zur »Vornahme aller Handlungen, die sich auf den Abschluß eines Vertrages beziehen«.

(Vgl. Artikel 7 Absatz 2 (a) der Vertragsrechtskonvention.)

Zu prüfen ist demnach, ob Rudolf Heß als Stellvertreter des Führers unter diese Norm fällt. Das hängt von der Frage ab, ob vom Begriff des Staatsoberhauptes in Artikel 7 Absatz 2 auch der Stellvertreter mit umfaßt wird. Vom Wortlaut der Norm her gesehen, ist dies nicht der Fall. Auch die systematische Interpretation der Vorschrift spricht dagegen: Als Ausnahmevorschrift zu der Regel des Artikels 7 Absatz 1 ist die Bestimmung des Absatzes 2 eng auszulegen, so daß der Stellvertreter von der Norm nicht miteingeschlossen ist.

(Ebenso der Kommentar der International Law Commission zur entsprechenden Vorschrift (Artikel 6) im Entwurf der Wiener Vertragsrechtskonvention; vgl. Reports of the Commission to the General Assembly, Yearbook of the International Law Commission, 1966, Bd. II (New York 1967), S. 193.)

Auch die Vorgeschichte des Artikels 7 spricht für dieses Auslegungsergebnis. In Vorentwürfen war noch die Klarstellung enthalten: »Any other representative of a State shall be required to furnish evidence, in the form of written credentials, of his authority to negotiate, draw up and authenticate a treaty on behalf of his State.«

(Vgl. den Vorentwurf des 780. Treffens der International Law Commission vom 10. Mai 1965; Yearbook of the International Law Commission 1965, Bd. I. (New York 1965), S. 32. Vom materiellen Gehalt gleich ist der Vorentwurf des Berichterstatters der Kommission, Sir Humphrey Waldock, vom gleichen Tag (ebenda).)

Aus den Diskussionen dieser Entwürfe in der International Law Commission geht hervor, daß man die Vorschrift des Art. 7 insgesamt kürzen, jedoch nicht ihren materiellen Gehalt diesbezüglich ändern wollte.

(Vgl. Yearbook of the International Law Commission 1965, Bd. 1, S. 32 ff. sowie Bd. 2, S. 18 ff.)

Demnach galt Rudolf Heß nicht als Vertreter des Deutschen Reiches ohne Vorlage einer Vollmacht im Sinn des Artikels 2 Absatz 1 (c) der Wiener Vertragskonvention und war demnach ohne besondere Bevollmächtigung im Sinn des Artikels 32 der Haager Landkriegsordnung nicht in der Lage, als völkerrechtlich geschützter Parlamentär zu agieren.

c) *Die Art der Bevollmächtigung*
Ist somit in den anderen als den zwei besprochenen Fällen und demnach auch im vorliegenden eine Bevollmächtigung des Parlamentärs für die jeweilige spezifische Mission erforderlich, so fragt sich, ob hierbei eine Innenvollmacht genügt oder eine Außenvollmacht unerläßlich ist.

Für die Notwendigkeit einer Außenvollmacht, die sich also vom entsendenden Staat an den empfangenden Befehlshaber richten würde, spricht die Ansicht der herrschenden Meinung, wonach der Parlamentär seine Bevollmächtigung nachweisen muß, was zumeist durch die Vorlage einer schriftlichen Vollmacht geschieht.

(E. Castrén, aaO., S. 155; M. Greenspan, aaO., S. 381, H. Knackstedt, aaO., S. 741; E. Vanselow, aaO., S. 230; A. Waltzog, aaO., S. 58 f.)

Dabei wird jedoch nicht die Frage beantwortet, ob eine Außenvollmacht vorliegen muß, die sowohl das materielle Problem der Bevollmächtigung als auch das formelle Problem des Nachweises des Bestehens der Bevollmächtigung löst, oder ob die nur gegenüber dem Parlamentär verliehene Innenvollmacht ausreicht, die zwar zur Bevollmächtigung ebenso genügt, aber das Problem des Nachweises zunächst offenläßt. Im völkerrechtlichen Schrifttum wird dieses Problem nicht erörtert.

(P. Fauchille (aaO., S. 321 ff.), A. Rolin (aaO., S. 387) und A. Zorn (aaO, S. 195 ff.) gehen über die Erwähnung der notwendigen Bevollmächtigung nicht hinaus; E. Castrén (aaO, S. 155), M. Greenspan (aaO., S. 381), H. Knackstedt (aaO., S. 741), E. Vanselow (aaO, S. 230) und A. Waltzog (aaO., S. 58 f) erwähnen die Notwendigkeit des Nachweises der Bevollmächtigung.)

Der Wortlaut des Artikels 32 Satz 1 spricht eher dafür, daß die Innenvollmacht ausreicht, nachdem eine Außenvollmacht nicht gefordert ist, sondern nur eine Bevollmächtigung.

(So spricht auch der Artikel 32 der Haager Landkriegsordnung vom Parlamentär als »l'individu autorisé par l'un des belligérents« (in deutsch: bevollmächtigt), während der französische Ausdruck für Vollmacht »plein pouvoirs« ist. (vgl. den französischen Wortlaut des Art. 2 Abs. 1 (c) und Art. 7 der Wiener Vertragsrechtskonvention, Révue Général de Droit International Public 1969, S. 920 f.))

Das entspricht auch durchaus den Interessen der Beteiligten. Der Parlamentär kann auch durchaus eine Bevollmächtigung durch Innenvollmacht nachweisen.

(In diesem Sinne M. Greenspan (aaO., S. 381): »The parlamentaire must carry with him as his credentials a written authorization signed by the commander of his force.« Dafür, daß der Nachweis der

Bevollmächtigung – wie Greenspan behauptet – nur durch Vorlage einer schriftlichen Vollmacht gelingen kann, spricht nichts in der Regelung der Haager Landkriegsordnung, obgleich es der Regelfall sein wird.)

Auch ist für den Befehlshaber, zu dem der Parlamentär entsandt wird, eine Innenvollmacht des Parlamentärs ohne Risiko behaftet, denn er kann den Parlamentär »bei mangelnder Vollmacht oder unzulänglichem Nachweis der Vollmacht« zurückweisen.

(So A. Waltzog (aaO., S. 58), der ausdrücklich zwischen dem Bestehen der Bevollmächtigung und ihrem Nachweis trennt.)

Die Innenvollmacht, d. h. die nur gegenüber dem Parlamentär selbst erklärte Vollmacht, ist demnach eine ausreichende Bedingung für die wirksame Bevollmächtigung des Parlamentärs. Im folgenden soll unterstellt werden, daß Heß auf diese Weise wirksam von Hitler bevollmächtigt wurde.

d) *Die Möglichkeit des Empfangsstaates, sich auf den mangelnden Nachweis der Bevollmächtigung zu berufen*

Aus der Sicht des empfangenden Staates existiert das Problem der mangelnden Bevollmächtigung des Parlamentärs nach dem oben Gesagten nur, wo positive Kenntnis über diesen Mangel vorliegt. Ansonsten kann es nur um den mangelnden Nachweis des Bestehens der Bevollmächtigung gehen. In der Regel prüft der Befehlshaber, zu dem der Parlamentär gesandt ist, den Nachweis der Bevollmächtigung vor der Entscheidung im Sinne des Artikels 33 der Haager Landkriegsordnung darüber, ob er ihn empfangen will. Empfängt er ihn aber und tritt mit ihm in Verhandlungen ein, so ist zu prüfen, ob der Empfangsstaat sich auch dann noch auf den mangelnden Nachweis über das Bestehen der Bevollmächtigung berufen kann.

(1) *Die völkerrechtliche Literatur*
Die Frage ist im völkerrechtlichen Schrifttum, soweit sie das Problem überhaupt anspricht, umstritten. So vertritt A. Waltzog die Meinung, daß soweit der Gegner mit dem Entsandten unterhandelt hat, ohne die Vollmacht nachgeprüft zu haben, er ihn tatsächlich als Parlamentär anerkannt hat und sich nicht nachher auf einen Mangel der Vollmacht berufen kann.

(A. Waltzog, aaO., S. 58.)

Dem hält H. Knackstedt entgegen, daß ein Mangel der Vollmacht nicht dadurch geheilt wird, daß die empfangende Partei ohne Nachprüfung der Vollmacht verhandelt hat. »Ist die als Parlamentär empfangene Person nicht einmal von ihrer Partei zu Verhandlungen ermächtigt, so wird sie nicht dadurch zum Parlamentär mit Verhandlungsbefugnis, daß der Gegner in Unkenntnis dieses Mangels verhandelt hat.«

(H. Knackstedt, aaO., S. 741.)

(2) *Kritik*
Die dargestellten Meinungen in der Literatur stehen nur scheinbar im Widerspruch. Bei Licht betrachtet lassen sie sich durchaus miteinander vereinbaren.

Zunächst ist mit H. Knackstedt sicher davon auszugehen, daß der Eintritt in Verhandlungen mit dem Parlamentär nicht seine Bevollmächtigung ersetzen kann. Nach dem Wortlaut des Artikels 32 der Haager Landkriegsordnung muß sie objektiv vorliegen. Anderenfalls würde dies zu grotesken Ergebnissen führen: Der objektiv materiellrechtlich nicht bevollmächtigte Parlamentär könnte sonst nach Eintritt in Verhandlungen mit dem Empfangsstaat Abreden treffen, die für den Heimatstaat des Parlamentärs bindend wären.

(Vgl. H. Knackstedt, aaO., S. 741.)

47

Das kann nicht richtig sein. Da die Bevollmächtigung objektiv vorliegen muß, vermag der Eintritt in Verhandlungen die gänzlich fehlende Vollmacht nicht zu ersetzen. Eine davon zu trennende Frage ist es, ob sich der Empfangsstaat nach Eintritt in die Verhandlungen noch auf Mängel bezüglich des Nachweises der Bevollmächtigung berufen kann, und wenn ja, welche Wirkungen dies hat.

(a) *Begründung der Einschränkung*
Die Einschränkung der Möglichkeit, sich auf Nachweismängel zu berufen, könnte sich mit dem Estoppel-Grundsatz begründen lassen. Der tragende Gedanke dieses Rechtsinstituts liegt im Vertrauensschutz, der sich seinerseits aus dem Prinzip von Treu und Glauben herleitet.

(Vgl. dazu ausführlich P. Cahier, Le comportement des Etats comme source de droits et d'obligations, Festschrift für P. Guggenheim, Genf 1968, S. 262 ff.; C. Doninice, A propos du Principe de l'Estoppel en droit des gens, Festschrift für P. Guggenheim, aaO., S. 327 ff.; J.C.

Mac Gibbon, Estoppel in International Law, ICLQ Bd. 7 (1958), S. 468 ff.; J.P. Müller, Vertrauensschutz im Völkerrecht, S. 20 ff.)

Dem Estoppel-Grundsatz liegt das für die Wahrung der Rechtssicherheit unerläßliche Gebot zugrunde, daß ein Staat konsequent in seinem Verhalten im Hinblick auf eine gegebene faktische oder rechtliche Situation sein sollte.

(J. C. MacGibbon, aaO., S. 468.)

Ein Staat ist gebunden an die Erwartungen, die er selbst geweckt hat; insoweit besteht auch im Völkerrecht eine Gebundenheit an das eigene Verhalten, ein Verbot des venire contra factum proprium.

(J. P. Müller, aaO., S. 9 ff.)

Dadurch, daß der Empfangsstaat mit dem Parlamentär in Verhandlungen eintritt, bindet der Staat sich in seiner Entscheidung und erweckt Vertrauen dahingehend, daß er den Unterhändler tatsächlich als Parlamentär anerkannt hat,

(Vgl. A. Waltzog, aaO., S. 58.)

obwohl er ihn ohne jegliche Begründung hätte zurückweisen können. Beruft er sich nachträglich auf den mangelnden Nachweis der Bevollmächtigung, so setzt er sich damit in Widerspruch zu seinem vorausgegangenen Verhalten und dem Vertrauenstatbestand, den er als Empfangsstaat selbst gesetzt hat.

(b) *Wirkung der Einschränkung*
Ob die Wirkung der Einschränkung so weit geht, daß nach Eintritt in die Verhandlung der Empfangsstaat trotz nicht auszuräumender Zweifel über das Bestehen der Bevollmächtigung weiter verhandeln muß oder gar an bis dahin getroffene Abreden gebunden ist, bedarf hier keiner Beantwortung.

(Dagegen H. Knackstedt, aaO., S. 741; offengelassen bei A. Waltzog, aaO., S. 58.)

Im vorliegenden Fall gilt es nur, die Wirkungen der Bindung auf den völkerrechtlichen Schutz des Parlamentärs zu präzisieren. Hier muß die Bindungswirkung der Anerkennung des Unterhändlers als Parlamentär dazu führen, daß die damit geschützte Stellung ihm im nachhinein nicht wieder abgesprochen werden kann. Das ergibt sich schon daraus, daß der Parlamentär, mit dem bereits verhandelt wurde, ja unmöglich schlechter stehen darf als derjenige Parlamentär, der nicht empfangen und abgewiesen wurde. Wenn dieser aber schon den vollen völkerrechtlichen Schutz genießt,

(Ganz herrschende Meinung; vgl. statt vieler H. Knackstedt, aaO., S. 742.)

so muß dies erst recht für den Parlamentär gelten, der empfangen wurde und bereits verhandelte.
Rudolf Heß war einen Tag nach seinem Fallschirmabsprung über Schottland, am 11. Mai 1941, mit dem Herzog von Hamilton in Verhandlungen getreten.

(Vgl. A. Seidl, Der Fall Rudolf Heß 1941−1984, Dokumentation des Verteidigers, 1984, S. 39 ff.)

Am 13., 14. und 15. Mai 1941 fanden drei Besprechungen zwischen

Heß und – als Vertreter der britischen Seite – Sir Ivone Kirkpatrick statt.

(A. Seidl, aaO., S. 40.)

Nach diesen Verhandlungen kann sich Großbritannien demnach nicht mehr auf Mängel hinsichtlich des Nachweises der Bevollmächtigung von Heß als Parlamentär berufen. Unterstellt man, daß Rudolf Heß von Hitler in irgendeiner Form bevollmächtigt war, mit Großbritannien als Parlamentär in Waffenstillstandsverhandlungen einzutreten, so war nach dem Gesagten Heß objektiv Parlamentär und als solcher völkerrechtlich geschützt, auch wenn er diese Vollmacht nicht nachweisen kann. Denn auf diesen Mangel kann sich Großbritannien nicht berufen.

IV. **Die Unverletzlichkeit des Parlamentärs**

Der völkerrechtliche Schutz des Parlamentärs besteht in seiner Unverletzlichkeit.

(Vgl. Artikel 32 Satz 2 der Haager Landkriegsordnung.)

Sie umfaßt die körperliche Unversehrtheit des Parlamentärs, den Schutz vor Gefangennahme sowie jeglichem Festhalten.

(Vgl. P. Fauchille, aaO., S. 322 f.; H. Knackstedt, aaO., S. 641 f.; A. Rolin, aaO., S. 380 f.; A. Waltzog, aaO., S. 59.)

Nur für kurze Zeit darf er zurückgehalten werden, wenn etwa die Mitteilung der vom Parlamentär unvermeidlich gemachten Beobachtungen an den Gegner den Erfolg einer laufenden militärischen Operation gefährden würde.

(E. Castrén, aaO., S. 155; H. Knackstedt, aaO., S. 742 f.; P. Fauchille, aaO., S. 323.)

Aber er ist auch in diesem Fall keineswegs Kriegsgefangener.

(H. Knackstedt, aaO., S. 742.)

Ebensowenig ist eine Verurteilung des Parlamentärs wegen Taten möglich, die er vor der Entsendung begangen hat.

(So ausdrücklich H. Knackstedt, aaO., S. 742.)

V. Zusammenfassung

1) Die Beurteilung der Frage, ob Rudolf Heß bei seinem Flug nach Großbritannien am 10. Mai 1941 als Parlamentär völkerrechtlich geschützt war, richtet sich nach Artikel 32 f. der Haager Landkriegsordnung, in der bestehendes Völkergewohnheitsrecht kodifiziert wurde. Der Anwendbarkeit dieser Regelung steht weder die Tatsache entgegen, daß Heß als Beförderungsmittel ein Flugzeug benutzte noch der komplexe Verhandlungsgegenstand, der nicht nur unmittelbar auf den Konflikt selbst bezogene Fragen umfaßte.

2) Die Voraussetzungen, die Artikel 32 der Haager Landkriegsordnung an die Stellung des Parlamentärs knüpft, erscheinen erfüllt.

a) Rudolf Heß entstammte als Offizier der deutschen Luftwaffe dem für die Auswahl eines Parlamentärs üblichen Personenkreis. Ebenso ist das Faktum, daß er unbewaffnet nach Großbritannien flog, ein starkes Indiz für seinen Status als Parlamentär.

b) Das Erfordernis der Bevollmächtigung für den Einzelfall konnte für Heß nicht entfallen, weil er weder als Truppenkommandeur einen begrenzten Waffenstillstand vereinbaren wollte noch nach der Wiener Vertragsrechtskonvention ohne Vorlage einer Vollmacht als verhandlungsbefugter Vertreter des Deutschen Reiches kraft seiner

Funktion anzusehen war. Er bedurfte einer besonderen Bevollmächtigung durch A. Hitler, wobei eine Innenvollmacht – deren Vorliegen hier unterstellt wird – ausreichte. Durch das objektive Vorliegen der Bevollmächtigung war Rudolf Heß als Parlamentär völkerrechtlich geschützt. Soweit er dies nicht nachweisen konnte, war es Großbritannien nach Eintritt in Verhandlungen mit ihm verwehrt, sich auf diesen Mangel zu berufen.

3) Rudolf Heß war demnach bei seinem Flug nach Großbritannien Parlamentär und als solcher völkerrechtlich geschützt. Diese Unverletzlichkeit schützte ihn nicht nur in seiner körperlichen Unversehrtheit und vor Gefangennahme oder jeglichem Festhalten, sondern auch vor Verurteilung für eventuelle Taten, die er vor Antritt seiner Mission begangen hat.

Soweit das Rechtsgutachten von Prof. Blumenwitz vom 30. August 1984.

Auf der Grundlage dieses Rechtsgutachtens von Professor Dr. Blumenwitz habe ich dann am 7. September 1984 folgendes Schreiben an die vier Gewahrsamsmächte, also an die Regierungen von Großbritannien, den Vereinigten Staaten von Amerika, Frankreich und der Union der Sozialistischen Sowjetrepubliken, gerichtet:

Der ehemalige Reichsminister Rudolf Heß flog am 10. Mai 1941 mit einem unbewaffneten Flugzeug der deutschen Luftwaffe, einem Zerstörer Me 110, nach England und sprang in den Abendstunden dieses Tages mit einem Fallschirm über Schottland in der Nähe des Landgutes des Herzog von Hamilton ab. Das Flugzeug wurde beim Aufprall auf den Boden zerstört. Rudolf Heß trug bei diesem Flug die Uniform eines Hauptmanns der Luftwaffe. Sie befindet sich zusammen mit der übrigen Fliegerausrüstung im Militärgefängnis in Berlin-Spandau, in dem er seit dem 18. Juli 1947 gefangengehalten wird. Dem Herzog von Hamilton gegenüber hat er sich sofort als Reichsminister und »Stellvertreter des Führers« zu erkennen gegeben. Am 13., 14. und 15 Mai 1941 fanden dann Unterredungen mit dem Vertreter der britischen Regierung, dem späteren Unterstaatssekretär und britischen Hochkommissar in Bonn (1950–1953) Sir Ivone Kirkpatrick, statt. Über den Inhalt dieser Unterredungen hat Sir Ivone Kirckpatrick Aktenvermerke verfaßt, die im Prozeß vor dem Internationalen Militärtribunal (IMT) von der britischen Anklagevertretung als Beweismaterial vorgelegt wurden. Am 10. Juni 1941 fand dann eine etwa zwei Stunden dauernde Unterredung zwischen Rudolf Heß und Lordkanzler Simon statt, deren Niederschrift im Prozeß vor dem IMT ebenfalls als Beweismittel vorgelegt wurde.

Rudolf Heß kam am 10. Mai 1941 als Parlamentär nach Großbritannien im Sinne des Art. 32 der Anlage zum 2. Abkommen betreffend die Gesetze und Gebräuche des Landkriegs (IV. Haager Abkommen) vom 18. Oktober 1907. Er kam mit Zustimmung und in Vollmacht des Staatsoberhauptes des Deutschen

Reiches, des Reichskanzlers und Oberbefehlshabers der Deutschen Wehrmacht, Adolf Hitler, nach Großbritannien. Als Parlamentär im Sinne des Art. 32 HLKO gilt,»wer von einem der Kriegführenden bevollmächtigt ist, mit dem anderen in Unterhandlungen zu treten«. Er hat Anspruch auf Unverletzlichkeit. Der völkerrechtliche Schutz des Parlamentärs besteht in seiner Unverletzlichkeit, die die körperliche Unversehrtheit des Parlamentärs umfaßt wie den Schutz vor Gefangennahme und jeglichem Festhalten. Ebensowenig ist eine Verurteilung des Parlamentärs wegen Taten möglich, die er vor der Entsendung begangen hat. Dies ist im völkerrechtlichen Schrifttum völlig unbestritten.

Spätestens nach der dritten Unterredung mit Sir Ivone Kirkpatrick, also spätestens am 15. Mai 1941, war sich die britische Regierung darüber klar, daß sie mit dem Deutschen Reich keine Waffenstillstands- oder Friedensverhandlungen aufnehmen wollte. Dies ergibt sich sowohl aus den Aktenvermerken des späteren Unterstaatssekretärs Sir Ivone Kirkpatrick wie auch aus dem übrigen Sachvortrag der britischen Anklagevertretung im Prozeß vor dem IMT in Nürnberg. Spätestens am 15. Mai hätte die britische Regierung den Parlamentär Heß zurückschicken bzw. in ein neutrales Land, z. B. nach Portugal (Lissabon), bringen müssen, von wo er dann mit einem Flugzeug der Deutschen Lufthansa abgeholt worden wäre. Die britische Regierung hat das jedoch nicht getan, sondern im Gegenteil Rudolf Heß als Kriegsgefangenen behandelt und im November 1945 vor dem IMT in Nürnberg angeklagt. Dies ist eine klare Verletzung zwingenden Völkerrechts, insbesondere des Art. 32 HLKO.

Ich stelle daher an die für das Alliierte Militärgefängnis in Berlin-Spandau verantwortlichen Mächte, also an das Vereinigte Königreich von Großbritannien und Nordirland, die Vereinigten Staaten von Amerika, die Französische Republik und die Union der Sozialistischen Sowjetrepubliken, den

Antrag,

Rudolf Heß nach Art. 32 HLKO als Parlamentär anzuerkennen und endlich das zu tun, wozu die Regierung Großbritanniens bereits vor mehr als 43 Jahren völkerrechtlich verpflichtet war, nämlich Rudolf Heß unverzüglich in die Freiheit zu entlassen.

Zur

Begründung

dieses Antrages erlaube ich mir folgendes vorzutragen:

1. Schon die Beweisaufnahme vor dem Internationalen Militärtribunal (IMT) in Nürnberg hat ergeben, daß Rudolf Heß bereits im Sommer 1940 mit den Vorbereitungen für seinen Flug nach England begonnen hat. Die Zeugin Hildegard Fath hat bekundet, daß sie im Auftrag von Heß ab Sommer 1940 geheime Wettermeldungen über die Wetterlage über den britischen Inseln und über der Nordsee einholen und an Heß weiterleiten mußte (vgl. S. 101 der anliegenden Dokumentation »Der Fall Rudolf Heß 1941–1984«). Mit Schriftsatz vom 15. Mai 1981 habe ich außerdem beim

58

Bundesverfassungsgericht in dem Verfassungsrechts-
streit Rudolf Heß gegen die Bundesrepublik Deutschland (Az.: 2 BvR 463/81) wegen Gewährung von Aus-
landsschutz eine Eidesstattliche Versicherung des
Flugkapitäns Helmut Kaden vom 14. Mai 1981 vorgelegt, die sich ebenfalls mit den Vorbereitungen und
der Durchführung des Fluges von Rudolf Heß am 10.
Mai 1941 befaßt und die ich anliegend überreiche.
Die Frage, ob der Flug von Rudolf Heß und der Fallschirmabsprung über Schottland am 10. Mai 1941 mit
dem Einverständnis von Hitler erfolgt ist, kann mit
letzter Sicherheit nur Rudolf Heß selbst beantworten.
Er ist der einzige Überlebende, der eine zuverlässige
Auskunft in dieser Sache geben kann. Da er im Gefängnis in Berlin-Spandau von der Außenwelt völlig
abgeschnitten ist und es sowohl seinen Familienange-
hörigen wie auch seinem Verteidiger untersagt ist,
über den Prozeß vor dem IMT und die nationalsozialistische Zeit, insbesondere seine Tätigkeit als »Stellvertreter des Führers« und Reichsminister zu sprechen – selbstverständlich werden auch schriftliche
Mitteilungen von der Zensur des Gefängnisses gestri-
chen bzw. unkenntlich gemacht –, sind wir darauf angewiesen, aus Indizien die entsprechenden Schlüsse zu
ziehen. Diese Indizien lassen den sicheren Schluß zu,
daß Hitler, wenn auch unter Zurückstellung großer
politischer Bedenken, von diesem Unternehmen
Kenntnis hatte und, wenn auch widerstrebend, mit
ihm einverstanden war.
In diesem Zusammenhang sind natürlich von besonderer Bedeutung die Aussagen, die der ehemalige
Gauleiter und Leiter der Auslandsorganisation der
NSDAP und Staatssekretär im Auswärtigen Amt,

Ernst W. Bohle, außerhalb des Prozesses vor dem IMT in Nürnberg vor dem amerikanischen Ankläger in Nürnberg, Robert M. W. Kempner, gemacht hat. Das Protokoll über diese Aussage wurde von Dr. Kempner erst im Jahre 1980 veröffentlicht. Es ist auf Seite 149 meiner Dokumentation »Der Fall Rudolf Heß 1941 bis 1984« abgedruckt und hat folgenden Wortlaut:

»Etwa am 9. Oktober 1940 bestellte mich der damalige Stellvertreter des Führers, Rudolf Heß, plötzlich durch einen persönlichen Anruf abends in seine Wohnung in der Wilhelmstraße 64. Als ich dort eintraf, fragte ich den Adjutanten im Vorzimmer, Alfred Leitgen, was Heß zu dieser ungewöhnlichen Stunde von mir wolle. Leitgen erwiderte, er habe keine Ahnung und möchte es selbst gern wissen. Ich wurde sofort von Heß empfangen, der allein im Zimmer war und sich erst vergewisserte, ob die Tür zum Vorzimmer fest geschlossen sei. Dann sagte er etwas folgendes:

›Herr Bohle, ich habe Sie gerufen, um Sie zu fragen, ob Sie bereit sind, einen sehr geheimen Sonderauftrag von mir zu erfüllen. Was ich Ihnen jetzt sage, dürfen Sie keinem Menschen sagen, auch meiner nächsten Umgebung nicht, und auch nicht meinem Bruder. Ich habe Sie ausgesucht, weil Sie Englisch können, die Engländer kennen, genauso wie ich den Krieg mit England für ein großes Unglück halten und weil ich in dieser Sache ein größeres Vertrauen in Sie als in irgendeinen anderen setze. Kurz gesagt, es handelt sich darum, einen Schritt zur Beendigung des Krieges mit England einzuleiten. Wollen Sie daran mitwirken?‹ Als ich sofort bejahte und erklärte, ich würde sogar mit Begeisterung daran mitwirken, fügte Heß hinzu, daß insbesondere mein staatlicher Chef, der Reichsaußenminister von Ribbentrop, nie auch nur das leiseste davon erfahren dürfe, denn dann würde das, was er, Heß, vorhätte, sofort sabotiert. Heß erklärte mir dann, daß er ein ausführliches Schreiben zur Vorbereitung eines persönlichen Treffens in der Schweiz an den Herzog von Hamilton richten wolle, den er bei der Olympiade kennengelernt habe und der weitreichenden Einfluß in England habe. Seine Frage, ob ich den Herzog kenne, verneinte ich mit dem Zusatz, daß mir die Familie selbstverständlich bekannt sei; ich könne aber über den Einfluß des Herzogs leider nichts sagen. Heß berief sich dabei auf den Professor Haushofer und seinen Sohn Albrecht Haushofer, die ihm geraten hätten, an den Herzog heranzutreten. Heß gab mir dann den Entwurf eines Anfangs des Briefes und bat mich, ihn ins Englische zu übertragen. Auf meine Frage, bis wann er die Übersetzung haben wollte, erklärte Heß, ich dürfe den Entwurf nicht aus dem Hause nehmen, sondern sollte die Übersetzung gleich in eine schon bereitgestellte Schreibmaschine machen. Das tat ich, während Heß im Zimmer blieb. Der Brief begann etwa mit den Worten: ›Auf Empfehlung meiner Freunde, Professor Haushofer und seines Sohnes Albrecht, wende ich mich an Sie.‹

Heß erklärte mir alsdann, er würde mich wieder rufen, wenn er einen weiteren Teil des Briefes fertiggestellt habe. Das geschah etwa eine Woche später, und von dann ab in unregelmäßigen Abständen bis Anfang Januar 1941. Damals hatte ich den Eindruck, daß der Brief ziemlich fertiggestellt war bis auf einige allgemeine Schlußsätze. Ich bin nach etwa dem 7. Januar 1941 nie wieder mit der Sache befaßt worden, auch nicht gesprächsweise, so daß ich in den folgenden Monaten glaubte, Heß habe seine Pläne aufgegeben. Erst nach dem 10. Mai erfuhr ich, daß Heß Mitte Januar seinen ersten Startversuch unternommen hatte, der aber aus technischen Gründen mißlang. Er soll dann im Februar oder März einen zweiten Versuch unternommen haben, der ebenfalls wegen schlechten Wetters oder aus sonstigen Gründen scheiterte. Der dritte und letzte Versuch am 10. Mai glückte dann. Ich selbst hatte keine Ahnung, daß Heß direkt nach England fliegen wollte, da er nie eine Andeutung über diesen phantastischen Plan machte und ich aus dem Brief, so wie ich ihn kannte, stets annehmen mußte, daß Heß und der Herzog sich in der Schweiz treffen wollten. Ich erinnere mich noch genau, daß ich eines Tages – es mag im November oder Dezember gewesen sein – Heß bat, mich als seinen Begleiter zu dem Treffen mitzunehmen, da ich ihm als Dolmetscher usw. bei den Besprechungen sehr nützlich sein könnte. Heß hatte damals eine nur sehr mangelhafte Kenntnis der englischen Sprache und konnte sich nicht darin unterhalten. Ich hatte schon einmal für ihn gedolmetscht, und zwar in einem längeren Gespräch bei einem Abendessen mit der Herzogin von Windsor, die mit dem Ex-König bei ihm zu Besuch war. Auf meine Bitte, ihn zu begleiten, erwiderte Heß: ›Wenn ich überhaupt jemanden mitnehme, dann nur Sie.‹ Nicht uninteressant ist in diesem Zusammenhang, daß ich meine Frage an Heß folgendermaßen formulierte: ›Wenn aus Ihrem Vorhaben etwas werden sollte, schlagen Sie mich bitte dem Führer als Ihren Begleiter vor.‹ In seiner Antwort hat Heß kein Wort von Hitler erwähnt, mir aber auch nicht gesagt, daß Hitler von dem Plan nichts wisse. Ich war immer der Ansicht, daß Hitler Bescheid wußte, und ich bin es heute noch, kann es aber nicht beweisen. Hitler ist tot, und Heß wird nie etwas darüber sagen, so wie ich ihn kenne. Für diese meine persönliche Ansicht habe ich nachstehende Gründe:

1. Ich kann mir kaum vorstellen, daß Heß, der stets übervorsichtig war und sich scheute, große Entscheidungen selbst zu treffen, ein Unternehmen von derartiger Tragweite ohne Befragung Hitlers in Angriff nehmen, geschweige denn durchführen würde.

2. Hitler war ein ausgesprochener Freund zweigleisiger Politik. Er ließ alle möglichen außenpolitischen Verhandlungen von dem damaligen Sonderbotschafter Ribbentrop anknüpfen, ohne jede vorherige Befragung oder Unterrichtung des allein zuständigen Reichsministers Frhr. von Neurath. Ebenso hat Hitlers persönlicher Adju-

tant, Hauptmann a. D. Fritz Wiedemann, außenpolitische Gespräche mit der Prinzessin Hohenlohe, die mit Lord Rothermere liiert war, ohne Kenntnis Neuraths geführt. Ribbentrop wiederum hatte keine Ahnung von den hochpolitischen Verhandlungen Görings mit dem Schweden Dahlerus, von denen aber Hitler wußte. Rosenberg unterhielt norwegische Beziehungen – mit Hitlers Kenntnis –, von denen Ribbentrop als Reichsaußenminister zunächst auch nichts wußte. Deshalb bin ich der Meinung, daß es nicht nur möglich, sondern sogar sehr wahrscheinlich ist, daß Hitler für einen Friedensschritt bei den Engländern nicht den dort mehr als unbeliebten Ribbentrop, sondern Heß aussuchte, dessen anglophile Neigungen bekannt waren. Außerdem ist es bekannt, daß Hitler um diese Zeit – Spätsommer bzw. Herbst 1940 – jedenfalls einem Arrangement mit England nicht abgeneigt war.

3. Ein Chauffeur von Heß, dessen Namen mir entfallen ist, sagte mir einige Zeit nach dem Abflug von Heß, Heß habe Anfang Mai 1941, also kurz vor seinem Flug, eine merkwürdig lange, etwa vier Stunden dauernde Unterredung mit Hitler in der Reichskanzlei gehabt. Ich weiß, daß Heß schon seit Kriegsbeginn sehr selten bei Hitler war und es immer vermied, ihn lange in Anspruch zu nehmen. Hitler selbst sagte am 13. Mai 1941 in seiner Ansprache auf dem Obersalzberg an die leitenden Männer, bei der ich zugegen war, daß Heß ihn wenige Tage vor seinem Abflug insistierend gefragt habe, ob er, Hitler,

noch zu seinem in ›Mein Kampf‹ niedergelegten Programm eines Zusammengehens mit England stünde, was er bejaht habe. Natürlich fügte Hitler, der hervorragend schauspielern konnte, hinzu, er habe nicht geahnt, was Heß damit bezweckt habe.

4. Heß war normalerweise stets sehr ernst und zurückhaltend, manchmal sogar düster, besonders seit Kriegsbeginn. Nachdem er mit den Vorbereitungen für seinen Plan im Oktober 1940 begann, fiel mir eine völlige Wandlung auf. Heß war blendender Laune, sehr aufgeräumt und fröhlich. Ich glaube nicht, daß ein Mann wie er so gewesen wäre, wenn er ohne Kenntnis und Billigung Hitlers die Last eines so bedeutungsvollen und gefährlichen Vorhabens zu tragen gehabt hätte.

5. Mir fiel nach dem 10. Mai 1941 auf, daß Hitler sich zwar von Heß distanzierte, ihn aber nie in seinen Ansprachen diffamierte oder als Verräter hinstellte. Der Kampf gegen Heß und alles, was mit ihm zusammenhing, ging eindeutig von Bormann aus und wurde in übelster Weise geführt. Ich hörte auch, daß die Frau von Rudolf Heß, die sich über die Machenschaften Bormanns bei Hitler beschwerte, sofort ihr Recht bekam. Bormann ließ sogar seine zwei Kinder, Rudolf und Ilse, bei denen Rudolf Heß und seine Frau Ilse Pate gestanden hatte, umtaufen bzw. umbenennen!

6. Völlig rätselhaft ist es mir, wenn Hitler ahnungslos gewesen sein soll, warum meine Absetzung und Verhaftung nicht vorgenommen wur-

de. In der Internierung erfuhr ich von SD-Leuten, daß der Verhaftungsbefehl fertiggestellt war, ebenso selbstverständlich meine Absetzung, daß aber Hitler sie nicht unterschrieben habe. Ich hatte schließlich, auch wenn ich von dem Flug an sich nichts wußte, erheblich mehr mitgewirkt als die Sekretärinnen, Chauffeure, Diener und andere, die einige Zeit eingesperrt waren. Ich kann dafür keine andere Erklärung finden, als die, daß Hitler von meiner Mitwirkung wußte und von Heß gebeten worden war, mich nicht zu bestrafen, falls die Sache schiefginge und er, Hitler, genötigt sei, Heß zu desavouieren. Ich wurde am 14. Mai 1941 auf der Gestapo von Heydrich und seinem Vertreter, Müller, eingehend vernommen, aber nicht verhaftet. Der Bruder, Alfred Heß, der an dem Unternehmen völlig unbeteiligt war, wurde verhaftet und seines Amtes enthoben.

Ich weiß, daß alle anderen der Meinung sind, Hitler habe von dem Plan nichts gewußt, aber ich kann mich aus vorstehenden Gründen dieser Ansicht nicht anschließen.

Am 12. Mai 1941 abends 20 Uhr brachte der Deutsche Rundfunk die erste Nachricht von dem Abflug, also 48 Stunden später. Die Formulierungen sind bekannt. Heß wurde sozusagen als geistig nicht ganz normal hingestellt. Dazu kann ich aus meiner Erfahrung von 1933 bis 1941 sagen, daß Heß in dieser Zeit bestimmt nicht geisteskrank, sondern durchaus normal war. Etwas anderes hätte mir irgendwann mal auffallen müssen. Er hatte zwar in bezug auf Ärzte etwas

eigenartige Ansichten und bevorzugte Heilprak-
tiker, aber das tun viele andere Leute auch. Als
ich ihm im Nürnberger Justizpalast im Oktober
1945 zusammen mit Göring, v. Papen und Professor Haushofer gegenübergestellt wurde, hat
er zwar seelenruhig behauptet, mich nicht zu
kennen und von der AO nie etwas gehört zu haben, aber das gehörte wohl zu seinem damaligen
›Spiel‹. Er hat ja auch später dem Gericht erklärt, daß er nur simuliert hätte.

In der Nacht vom 12. zum 13. Mai 1941 wurden
die leitenden Männer fernschriftlich angewiesen, sich am 13. Mai in Berchtesgaden einzufin-
den. Es war das erste und einzige Mal, daß ich
am Obersalzberg war. Mir ahnte natürlich nichts
Gutes, obwohl ich zunächst den merkwürdigen
Flug und die angebliche Geisteskrankheit nicht
mit dem Plan, wie ich ihn kannte, in Zusammenhang bringen konnte. Als wir im großen Zimmer
des Berghofs versammelt waren, erschienen erst
Göring und Martin Bormann mit todernsten Ge-
sichtern. Bormann verlas dann den Abschieds-
brief von Heß an Hitler, den ein Adjutant – ich
glaube, Pintsch, – überbracht hatte. Da dieser
Brief in vielen Teilen genau die Gedankengänge
enthielt, die im Heß-Schreiben an den Herzog
von Hamilton enthalten waren, wurde mir sofort
klar, was los war. Nachdem der Brief verlesen
war, kam Hitler herein und hielt eine Ansprache, in der er erklärte, daß Heß ohne sein Wissen gehandelt habe, geisteskrank sei und das
Reich in eine unmögliche Lage gegenüber seinen Bündnispartnern, besonders Italien und Ja-

pan, gebracht habe. Er habe Ribbentrop sofort nach Italien gesandt, um den Duce zu beruhigen, der ja annehmen müsse, daß Deutschland hinter seinem Rücken durch Heß mit England habe verhandeln wollen. Er sei tief enttäuscht von Heß und habe Bormann nunmehr zu dessen Nachfolger ernannt. Heß sei immer etwas spleenig gewesen, habe die komischsten Leute um sich versammelt, insbesondere Astrologen, habe gegen sein ausdrückliches Verbot laufend Flugübungen gemacht, sich ein Spezialflugzeug bei Messerschmitt ausstatten lassen, habe sich seit Monaten regelmäßig Wettermeldungen geben lassen und habe völlig unbeanstandet und ganz allein in vier Stunden den Flug nach Schottland geschafft, was immerhin eine gute fliegerische Leistung sei. Mein Gedanke dabei war, daß das für einen Irren eine fabelhafte Leistung war, zumal Heß, wie man später hörte, ungefähr genau da abgesprungen ist, wo er abspringen wollte, und zwar in der Nähe des Gutes des Herzogs. Ein Mann, der im Alter von etwa 47 Jahren zum ersten Mal einen Fallschirmabsprung macht, muß auch ziemlich gute Nerven haben. Es ist auch rätselhaft, wieso er alle Luftsperren mitten im Krieg unbeanstandet passieren konnte.

Nachdem Hitler geendet hatte, lehnte er sich gegen den großen Tisch am Fenster, und die versammelten Herren, etwa 60 oder 70, standen im Halbkreis um ihn herum. Kein Mensch sprach ein Wort. Ich versuchte, mich nach der vordersten Reihe durchzuschlängeln, um Bormann zu sagen, daß ich dem Führer etwas zu melden hätte, da ich entschlossen war, meine Beteiligung von mir aus mitzuteilen. Als ich in der ersten Reihe stand, sah sich Hitler langsam die einzelnen Männer an und sagte dann, als er mich erblickte: ›Sagen Sie mal, Herr Bohle, haben Sie denn nichts davon gewußt?‹ Das waren seine ersten Worte, er fragte keinen anderen. Ich antwortete, daß ich insofern etwas gewußt hätte, als ich Heß geholfen hätte, dem Herzog von Hamilton einen Brief mit Friedensvorschlägen zu schreiben. Darauf Hitler: ›Was haben Sie gemacht? Sind Sie auch wahnsinnig geworden, sind Sie verrückt?‹, und kam mit erhobenen Fäusten auf mich zu. In diese bedrohliche Situation griff Göring ein, der ganz leise und ruhig sagte: ›Herr Bohle, ich glaube, es ist wohl das Beste, Sie erzählen dem Führer ganz ruhig, was Sie gemacht haben.‹ Hitler beruhigte sich sofort, und ich erzählte den oben geschilderten Hergang und fügte hinzu, ich hätte von der Absicht eines Fluges nach England keine Ahnung gehabt. Darauf Hitler: ›Haben Sie sich denn nichts dabei gedacht?‹ Darauf ich: ›Doch, mein Führer, ich habe mir dabei sehr viel gedacht. Ich nahm als selbstverständlich an, Sie wüßten Bescheid, und außerdem haben Sie ein Zusammengehen mit England stets als eines Ihrer vornehmsten außenpolitischen Ziele bezeichnet.‹ Ich fügte noch hinzu, daß ich verpflichtet gewesen sei, dem mir von ihm, Hitler, bestimmten Vorgesetzten, zu gehorchen, und das sei der Stellvertreter des Führers, Rudolf Heß, gewesen. Hitler holte mich dann an den Tisch heran und forderte mich auf, indem er mit mir den Brief von Heß durchging, ihm die Stellen zu zeigen, die auch in dem Brief an den Herzog vorkämen. Nachdem ich das getan hatte, hat er sich nicht mehr mit mir beschäftigt. Es fand dann noch etwa zwei Stunden eine allgemeine Unterhaltung in kleinen Gruppen in Gegenwart Hitlers statt, bei der ich von fast allen gemieden wurde. Ich fuhr dann nach München zurück und alsdann nach Berlin, wo ich gleich zur Prinz-Albrecht-Straße bestellt und vernommen wurde. Von da ab wurde ich mit der ganzen Sache nicht mehr befaßt.

Zu dem Inhalt des Briefes selbst kann ich nur sagen, daß Heß einen Frieden mit England auf der Basis des Status quo anstrebte, Besprechungen über die Kolonien forderte und seitenlange, geradezu prophetische Darstellungen des gegenseitigen Luftkrieges und seiner furchtbaren Folgen bei Fortdauer des Konflikts gab. Der Brief ist offenbar nie abgesandt worden, sondern diente Heß wohl als aide mémoire für seine persönlichen Besprechungen nach seiner Ankunft in England. Heß schrieb mal – ich glaube 1942 – an seinen Bruder Alfred, er solle mich grüßen und mir sagen, er habe meine englischen Sprachkenntnisse sehr gut verwenden können.«

(Das Dritte Reich im Kreuzverhör/Aus den Vernehmungsprotokollen des Anklägers Robert M. W. Kempner, Athenäum/ Droste Taschenbücher Geschichte, 1980, S. 104 ff.)

Staatssekretär Bohle war der festen Meinung, daß Hitler von dieser Mission von Rudolf Heß gewußt hat und mit ihr einverstanden war. Die von ihm für diese Annahme ins Feld geführten Tatsachen und Argumente sind in der Tat überzeugend. Es soll auch nicht unerwähnt bleiben, daß namhafte Historiker, wie z. B. Prof. Hillgruber von der Universität Köln der gleichen Meinung sind.

In der Tat ist es bei dem besonderen Vertrauensverhältnis zwischen Rudolf Heß und Hitler unvorstellbar, daß Rudolf Heß ein so gefährliches und für die weitere Kriegführung des Reiches so bedeutsames Unternehmen ohne Zustimmung Hitlers durchgeführt hätte. Heß war bekanntlich nicht nur »Stellvertreter des Führers«, sondern auch nach dem Reichsmarschall Göring designierter Nachfolger Hitlers als Staatsoberhaupt, Reichskanzler und Oberbefehlshaber der Wehrmacht. Berücksichtigt man diese Stellung von Heß in der nationalsozialistischen Hierarchie und die von Bohle ins Feld geführten weiteren Tatsachen, dann kann der Flug von Rudolf Heß nur mit Zustimmung Hitlers erfolgt sein.

Staatssekretär Bohle erwähnt in Ziff. 3 der Niederschrift über seine Vernehmung eine etwa vier Stunden dauernde Unterredung zwischen Hitler und Heß in der Reichskanzlei, die Anfang Mai 1941, also kurz vor dem Flug stattgefunden hat. Diese Unterredung, die noch von einem weiteren Zeugen bestätigt wurde, nämlich dem Kriminalbeamten des Begleitkommandos von Rudolf Heß, der im Vorzimmer in der Reichskanzlei wartete, fand mit größter Wahrscheinlichkeit am 5. Mai 1941 statt. Nach den Bekundungen dieses Zeugen hat die Unterredung zeitweise in lautem Tonfall stattgefunden. Als sich nach etwa vier Stunden die Türe öffnete und Hitler seinen Stellver-

71

treter hinausbegleitete, legte er seinen Arm um dessen Schulter und sagte: »Mein lieber Heß, Sie sind doch ein rechter Dickkopf«. Es muß jedoch davon ausgegangen werden, daß dies nicht die erste Unterredung in dieser Sache zwischen Heß und Hitler war, daß vielmehr schon mehrere Gespräche stattgefunden haben, die sich mit dem gleichen Vorhaben befaßten. Dies muß insbesondere aus der bereits erwähnten Eidesstattlichen Versicherung des Flugkapitäns Helmut Kaden vom 14. Mai 1981 geschlossen werden. Ich darf in diesem Zusammenhang ferner verweisen auf die Ausführungen von Wolf Rüdiger Heß in seinem Buch »Mein Vater Rudolf Heß – Englandflug und Gefangenschaft« (1984 by Albert Langen Georg Müller Verlag GmbH München – ISBN 3-7844-2015-X).

Da diese Unterredung zwischen Heß und Hitler unter vier Augen stattgefunden hat, gibt es darüber natürlich auch keine Niederschrift, und es sind bis jetzt auch keine Aktenvermerke oder andere schriftlichen Aufzeichnungen aufgefunden worden. Es ist jedoch nicht allzu schwer, sich den Verlauf dieser unverhältnismäßig langen Unterredung vorzustellen.

Rudolf Heß wird versucht haben, Hitler von der Notwendigkeit zu überzeugen, einen letzten Versuch mit dem Ziel zu unternehmen, doch noch zu einem Waffenstillstand und zu Friedensverhandlungen mit Großbritannien zu kommen, da nur auf diese Weise die Ausweitung des noch auf Europa beschränkten Krieges zu einem neuen Weltkrieg mit unvorstellbaren Opfern an Menschen und Gütern verhindert werden könne. Er wird darauf hingewiesen haben, daß es nach wie vor in England einflußreiche Kreise gebe, die der gleichen Meinung seien und denen vor allem klar sei, daß ein neuer Weltkrieg zur Zerstörung und zum Untergang des britischen Weltreiches führen müsse. Er wird in diesem Zusammenhang auch den Herzog von Hamilton erwähnt haben.

Es ist nicht allzu schwer sich vorzustellen, was Hitler auf diese Ausführungen von Heß erwidert hat. Er wird vielleicht sogar bis zum 1. Weltkrieg zurückgegangen sein und den Lusitania-Zwischenfall vom 7.5.1915 erwähnt haben, ferner die Rolle, die Winston Churchill in dieser Sache gespielt hat.

An dem genannten Tag wurde das britische 30400-BRT-Passagierschiff, das als Hilfskreuzer vorgesehen war und Munition und andere Konterbande geladen hatte, durch das deutsche U-Boot U-20 wenige Seemeilen vor der Südwestküste Irlands versenkt, wobei 1198 Menschen – darunter 128 Amerikaner – ums Leben kamen. Nach den neuesten Forschungen muß angenommen werden, daß das Schiff von der britischen Admiralität vorsätzlich vor die Torpedorohre der deutschen U-Boote bugsiert wurde und die britische Admiralität es auch vorsätzlich unterlassen hat, der »Lusitania« Geleitschutz zu geben, obwohl sich britische Kriegsschiffe in der Nähe befanden.

Die Versenkung der »Lusitania« führte in den Vereinigten Staaten zu einer beispiellosen Hetzkampagne gegen Deutschland und schließlich am 6.4.1917 zum Eintritt der Vereinigten Staaten in den 1. Weltkrieg.

Klarheit in dieser Sache haben die Nachforschungen des britischen Journalisten Colin Simpson gebracht (Colin Simpson, Lusitania, 1972 Longman Group Limited, London; Deutsch bei S. Fischer Verlag GmbH, Frankfurt 1973, ISBN 3-10 074401 2).

Im Klappentext zu diesem Buch wird folgendes ausgeführt:

»Am 7. Mai 1915 gegen 15 Uhr wurde der britische Luxusdampfer »Lusitania«, das größte und schnellste Schiff seiner Zeit, unmittelbar vor der Küste von Irland von einem Torpedo des deutschen »U-20« unter dem Kommando von Kapitänleutnant Schwieger getroffen. Unmittelbar danach explodierte das Schiff und sank in weniger als zwanzig Minuten. Unter den zwölfhundert Männern, Frauen und Kindern, die starben, waren auch zahlreiche amerikanische Staatsbürger. Nach der offiziellen Erklärung der britischen Regierung handelte es sich um ein beispielloses Verbrechen der deutschen Kriegsmarine, das im Gegensatz zu allen Regeln der Seekriegsführung stand und nur mit einem Wort bezeichnet werden konnte: Kaltblütiger Mord.
Der Untergang der »Lusitania« führte zu einer scharfen diplomatischen Konfrontation zwischen den Vereinigten Staaten und Deutschland und schließlich zum Eintritt Amerikas in den Weltkrieg.
Die scheinbare Logik der Ereignisse ist Geschichte geworden, die eigentlichen Hintergründe aber blieben im Dunkel. Jene mächtigen Männer, die das Schiff auf die tödliche Fahrt schickten, haben alles getan, um die Wahrheit über die »Lusitania« bis heute unter Verschluß zu halten. Allzu verschlungen waren die Wege, auf denen das amerikanische Volk in den Krieg geführt wurde.
Der englische Journalist Colin Simpson ist den

ungeklärten Punkten der »Lusitania«-Geschichte nachgegangen. Dabei entdeckte er ein Geheimabkommen zwischen der Royal Navy und der Cunard-Dampfschiff-Gesellschaft, gefälschte Ladepapiere, Pläne für die Bewaffnung des Schiffes, unterdrückte Zeugenaussagen und die Spuren einer geschickten Geheimdienst- und Pressearbeit. Es gelang ihm, die packende Geschichte einer vorgeplanten Katastrophe zu rekonstruieren, die zur Trumpfkarte des Krieges wurde. Sein Bericht ist eine faszinierende Darstellung von politischem Zynismus, Arroganz und jener kalten Berechnung, die Völker im Interesse der Profite zum Krieg treibt.«

Erster Lord der Britischen Admiralität, also Marineminister, war am Tag der Versenkung der »Lusitania« Winston Churchill.*
Vielleicht wird Hitler seinen Stellvertreter dann daran erinnert haben, daß eine der ersten Amtshandlungen des amerikanischen Präsidenten Roosevelt im Jahre 1933 die Aufnahme diplomatischer Beziehungen mit der Sowjetunion und der Austausch von Botschaftern war, eine Entscheidung, die bis dahin alle amerikanischen Präsidenten abgelehnt hatten. In diesem Zusammenhang ist vielleicht bemerkenswert, was der amerikanische Diplomat George F. Kennan – eher zurückhaltend – dazu sagt. George F. Kennan war unter anderem Botschafter in Moskau und Leiter der Pla-

---

* Der spätere Präsident Franklin D. Roosevelt war damals, nämlich seit dem Jahr 1913, Unterstaatssekretär im amerikanischen Marineministerium

nungsabteilung im Department of State (George F. Kennan, Memoirs 1925–1950, erschienen bei Little, Brown and Company, Boston 1967. Deutsch im Henry Goverts Verlag GmbH, Stuttgart 1968). Er schreibt auf Seite 64 der deutschen Ausgabe (Memoiren eines Diplomaten) folgendes:

»Ganz offensichtlich erschien ihm (gemeint ist F. D. Roosevelt) die Wiederaufnahme der Beziehungen zu Rußland wegen der ernüchternden Wirkung wünschenswert, die er sich davon auf die deutschen Nazis und die japanischen Militaristen versprach; und wenn man zu diesem Behufe dem Kongreß, der Presse und der Öffentlichkeit ein bißchen Sand in die Augen streuen mußte, dann hatte er nichts dagegen. Ob seine Berechnung stimmte – ob die Aufnahme diplomatischer Beziehungen zwischen den USA und der Sowjetunion bei den beiden aggressiven Mächten zeitweilig wirklich die erhoffte Bremswirkung hatte –, weiß ich nicht. Die sowjetischen Führer, die zwar teilweise sehr realistisch dachten, aber gleichzeitig an einer stark überhitzten Phantasie litten, waren sicherlich ebenfalls davon überzeugt. Ich für mein Teil war skeptisch. Weder damals noch heute habe ich in der Sowjetunion je einen geeigneten Bundesgenossen oder Partner für unser Land erblickt. Und die Idee, die sowjetische Macht für eine Sache einzuspannen, für die wir unsere eigene weder zu entwickeln noch einzusetzen gedachten, schien mir hochgradig gefährlich.«

Hitler wird im Laufe der Unterredung mit Heß am 5. Mai 1941 dann vor allem auf die Friedensvorschläge eingegangen sein, die er nach dem Abschluß des Feldzuges gegen Polen Großbritannien und Frankreich gegenüber gemacht hat. Er wird Rudolf Heß an seine Rede vor dem Deutschen Reichstag am 6. Oktober 1939 erinnert haben, in der er sich auch zu der Garantieerklärung Großbritanniens für Polen am 31. März 1939 äußerte und dabei unter anderem folgendes ausführte:

»Nein, diesem Staat und dieser Staatsführung eine Garantie auszustellen, so wie dies geschehen war, konnte nur zu schwerstem Unheil führen. Weder die polnische Regierung oder der sie tragende Klüngel, noch das polnische Staatsvolk waren befähigt, die Verantwortung zu ermessen, die in einer solchen Verpflichtung halb Europas zu ihren Gunsten lag.

Aus dieser aufgeputschten Leidenschaft einerseits sowie aus dem Gefühl der Sicherheit, die ja Polen unter allen Umständen garantiert worden war, entsprang das Verhalten der polnischen Regierung in der Zeit zwischen den Monaten April und August dieses Jahres. Dies bedingt auch die Stellungnahme zu meinen Befriedungsvorschlägen.

Die Regierung lehnte diese Vorschläge ab, weil sie sich von der öffentlichen Meinung gedeckt oder sogar angetrieben fühlte, und die öffentliche Meinung deckte und trieb sie auf diesen Wcg, wcil sie von der Regierung nicht eines Besseren belehrt worden war und vor allem, weil sie sich bei jedem Akt nach außen hin als genügend gesichert empfand. So mußte es zur Häufung der furchtbaren Terrorakte gegen das deutsche Volkstum kommen, zur Ablehnung aller Lösungsvorschläge und endlich zu immer größeren Übergriffen auf das Reichsgebiet selbst.

Es war bei einer solchen Mentalität allerdings wohl auch verständlich, daß man dann die deutsche Langmut nur als Schwäche ansah, d. h., daß jedes deutsche Nachgeben nur als Beweis für die Möglichkeit eines weiteren Vorgehens angesehen wurde. Die Warnung an die polnische Regierung, Danzig nicht mehr mit weiteren ultimativen Noten zu belästigen und vor allem die Stadt auf die Dauer nicht wirtschaftlich zu erdrosseln, führte zu keiner Erleichterung der Lage, sondern im Gegenteil zur verkehrstechnischen Abschnürung der Stadt. Die Warnung, die ewigen Erschießungen, Mißhandlungen und Marterungen der Volksdeutschen endlich einzustellen bzw. ihnen entgegenzutreten, führte zu einer Vermehrung dieser grausamen Akte und zu verschärften Aufrufen und Hetzreden der polnischen Woiwoden und militärischen Machthaber. Die deutschen Vorschläge, noch in letzter Minute einen billigen und vernünftigen Ausgleich herzustellen, wurden mit der Generalmobilmachung beantwortet. Das deutsche Ersuchen (entsprechend der von England selbst gegebenen Anregung), einen Unterhändler zu schicken, wurde nicht befolgt und am zweiten Tag mit einer geradezu verletzenden Erklärung beantwortet. Unter diesen Umständen war es klar, daß bei weiteren Angriffen auf das Reichsgebiet die deutsche Geduld nunmehr ihr Ende finden würde. Was die Polen fälschlicherweise als Schwäche ausgelegt hatten, war in Wirklichkeit unser Verantwortungsbewußtsein und mein Wille, wenn irgend möglich doch noch zu einer Verständigung zu kommen. Da sie aber glaubten, daß diese Geduld und diese Langmut als Schwäche ihnen alles gestatten würde, blieb nichts anderes übrig, als sie über diesen Irrtum aufzuklären und endlich mit den Mitteln zurückzuschlagen, derer sie sich selbst seit Jahren bedient hatten.«

Vor allem aber wird Hitler seinen Stellvertreter an seinen Vorschlag erinnert haben, eine europäische Sicherheitskonferenz einzuberufen, an der natürlich auch die Sowjetunion hätte teilnehmen müssen und deren Aufgabe es gewesen wäre, eine neue und tragfähige europäische Friedensordnung zu schaffen. Hitler hat in diesem Zusammenhang am 6. Oktober 1939 vor dem Reichstag folgendes ausgeführt:

»So wie die Genfer Konvention einst es fertigbrachte, wenigstens bei den zivilisierten Staaten die Tötung Verwundeter, die Mißhandlung Gefangener, den Kampf gegen Nichtkriegsteilnehmer usw. zu verbieten, und so, wie es gelang, diesem Verbot im Laufe der Zeit zu einer allgemeinen Respektierung zu verhelfen, so muß es gelingen, den Einsatz der Luftwaffe, die Anwendung von Gas usw. des U-Bootes, aber auch die Begriffe der Konterbande so festzulegen, daß

79

der Krieg des furchtbaren Charakters eines Kampfes gegen Frauen und Kinder und überhaupt gegen Nichtkriegsteilnehmer entkleidet wird. Die Perhorreszierung bestimmter Verfahren wird von selbst zur Beseitigung der dann überflüssig gewordenen Waffen führen. Ich habe mich bemüht, schon in diesem Kriege mit Polen die Luftwaffe nur auf sog. militärisch wichtige Objekte anzuwenden bzw. nur dann in Erscheinung treten zu lassen, wenn ein aktiver Widerstand an einer Stelle geleistet wurde. Es muß aber möglich sein, in Anlehnung an das Rote Kreuz eine grundsätzliche, allgemein gültige internationale Regelung zu finden. Nur unter solchen Voraussetzungen wird besonders in unserem dicht besiedelten Kontinent ein Friede einkehren können, der dann befreit von Mißtrauen und von Angst die Voraussetzung für eine wirkliche Blüte auch des wirtschaftlichen Lebens geben kann. Ich glaube, es gibt keinen verantwortlichen europäischen Staatsmann, der nicht im tiefsten Grunde seines Herzens die Blüte seines Volkes wünscht.

Eine Realisierung dieses Wunsches ist aber nur denkbar im Rahmen einer allgemeinen Zusammenarbeit der Nationen dieses Kontinents.

Diese Zusammenarbeit sicherzustellen, kann daher nur das Ziel jedes einzelnen wirklich um die Zukunft auch seines eigenen Volkes ringenden Mannes sein.

Um dieses große Ziel zu erreichen, werden noch einmal die großen Nationen in diesem Kontinent zusammentreten müssen, um in einer umfassenden Regelung ein Statut auszuarbeiten, anzunehmen und zu garantieren, das ihnen allen das Gefühl der Sicherheit, der Ruhe und damit des Friedens gibt. Es ist unmöglich, daß eine solche Konferenz zusammentritt ohne die gründlichste Vorarbeit, d. h. ohne die Klärung der einzelnen Punkte und vor allem ohne eine vorbereitende Arbeit. Es ist aber ebenso unmöglich, daß eine solche Konferenz, die das Schicksal gerade dieses Kontinents auf Jahrzehnte hinaus bestimmen soll, tätig ist unter dem Dröhnen der Kanonen oder auch nur unter dem Druck mobilisierter Armeen. Wenn aber früher oder später dieses Problem doch gelöst werden muß, dann wäre es vernünftiger, an diese Lösung heranzugehen, ehe noch erst Millionen an Menschen zwecklos verbluten und Milliarden an Werten zerstört sind.

Die Aufrechterhaltung des jetzigen Zustandes im Westen ist undenkbar. Jeder Tag wird bald steigende Opfer erfordern. Einmal wird dann vielleicht Frankreich zum ersten Mal Saarbrükken beschießen und demolieren. Die deutsche Artillerie wird ihrerseits als Rache Mühlhausen zertrümmern. Frankreich wird dann selbst wieder als Rache Karlsruhe unter das Feuer der Kanonen nehmen und Deutschland wieder Straßburg. Dann wird die französische Artillerie nach Freiburg schießen und die deutsche nach Kolmar oder Schlettstadt. Man wird dann weiterreichende Geschütze aufstellen, und nach beiden Seiten wird die Zerstörung immer tiefer um sich greifen und was endlich von den Ferngeschützen

81

nicht mehr zu erreichen ist, werden die Flieger vernichten. Und es wird sehr interessant sein für einen gewissen internationalen Journalismus und sehr nützlich für die Fabrikanten der Flugzeuge, der Waffen, der Munition usw., aber grauenhaft für die Opfer.

Und dieser Kampf der Vernichtung wird sich nicht nur auf das Festland beschränken. Nein, er wird weit hinausgreifen über die See. Es gibt heute keine Inseln mehr.

Und das europäische Volksvermögen wird in Granaten zerbersten, und die Volkskraft wird auf den Schlachtfeldern verbluten. Eines Tages aber wird zwischen Deutschland und Frankreich doch wieder eine Grenze sein, nur werden sich an ihr dann statt der blühenden Städte Ruinenfelder und endlose Friedhöfe ausdehnen.«

Diese Vorschläge Hitlers wurden bekanntlich sowohl von der britischen wie auch von der französischen Regierung abgelehnt, und Hitler wird Heß gegenüber dann auf die Reaktion zu sprechen gekommen sein, die seine Kriegsführung während des Westfeldzuges im Mai und Juni 1940 bei der britischen Regierung ausgelöst hat. Er wird im Laufe dieser vierstündigen Unterredung zu Heß etwa folgendes gesagt haben:

»Am 24. Mai 1940 habe ich den zur Kanalküste vorwärtsstürmenden Panzerverbänden der Heeresgruppe A – gegen den Widerstand und entgegen dem militärisch wohl begründeten Rat des Oberbefehlshabers des Heeres, Generalfeldmarschall von Brauchitsch und des General-

stabschefs des Heeres, Generaloberst Halder –
den Befehl gegeben, den Vormarsch einzustellen. Den im Kessel von Dünkirchen eingeschlos-
senen britischen und französischen Streitkräften
habe ich bis zum 4. Juni 1940 Zeit gelassen, mehr
als 335000 Soldaten auf die britische Insel zu
evakuieren. Es wäre für uns ein leichtes gewesen, das gesamte britische Expeditionskorps und
mehr als 100000 französische Soldaten durch
den massierten Einsatz unserer Panzer, unserer
Artillerie und unserer Luftwaffe entweder zu
vernichten oder innerhalb kürzester Zeit zur Kapitulation zu zwingen. Aber gerade das wollte
ich nicht. Ich wollte die Briten nicht durch eine
vernichtende militärische Niederlage demüti-
gen, sondern sie im Gegenteil endlich dazu bringen, gemeinsam mit uns die Waffen niederzulegen und in Friedensverhandlungen einzutreten.«

Diese Darstellung Hitlers wird in vollem Umfang bestätigt durch die Eintragungen des Generalstabschefs
des Heeres in seinem Kriegstagebuch am 24. Mai 1940
und an den folgenden Tagen.
(Generaloberst Halder, Kriegstagebuch, Bd. I, S. 317
ff., erschienen bei W. Kohlhammer GmbH, Stuttgart
1962.)

Am 24. Mai 1940 ist im Kriegstagebuch eingetragen:

»20.20 Uhr Befehl, welcher den gestrigen Befehl
aufhebt und die Einkreisung im Raum Dünkir-
chen-Estaires-Lille-Roubaix-Ostende anordnet.

Der schnelle linke Flügel, der keinen Feind vor sich hat, wird dabei auf ausdrücklichen Wunsch des Führers angehalten! In dem genannten Raum soll die Luftwaffe das Schicksal der eingekesselten Armee vollenden!«

Am 25. Mai 1940 hat Generaloberst Halder in sein Kriegstagebuch folgendes eingetragen:

»Der Tag beginnt wieder mit unerfreulichen Auseinandersetzungen zwischen Brauchitsch und dem Führer über die Weiterführung der Einkreisungsschlacht. Ich hatte die Schlacht so angelegt, daß die frontal gegenüber einem sich planmäßig absetzenden Feind zu schwerem Angriff antretende HGr.B den Feind lediglich binden, die HGr.A, die einen geschlagenen Feind trifft und auf den Rücken des Feindes losgeht, die Entscheidung bringen sollte. Das Mittel dazu waren die schnellen Truppen. Nun bildet sich die politische Führung ein, die letzte Entscheidungsschlacht nicht in das Gebiet der Flamen legen zu wollen, sondern nach Nordfrankreich. Um dieses politische Ziel zu bemänteln, wird erklärt, das flanderische Gelände sei mit seinem vielen Wasser pp. für Panzer ungeeignet. Die Panzer und die anderen schnellen Truppen müßten also nach Erreichen der Linie St. Omer-Benthune angehalten werden.
Es tritt also eine völlige Verkehrung ein. Ich wollte die HGr.A zum Hammer, HGr.B zum Amboß machen. Nun macht man HGr.B zum Hammer, HGr.A zum Amboß. Da HGr. B eine

festgefügte Front sich gegenüber hat, wird das nur sehr viel Blut kosten und sehr lange dauern. Denn die Luftwaffe, auf die man hoffte, ist vom Wetter abhängig. Es entsteht aus dieser Verschiedenheit der Auffassung ein Geziehe hin und her, das mehr Nerven verbraucht als die ganze Führungsaufgabe. Wir werden die Schlacht trotzdem gewinnen.«

Die hier in Betracht kommenden Befehle des Oberkommandos des Heeres und der Heeresgruppe A haben folgenden Wortlaut:

»24.5.40:

Der ›Halt-Befehl‹
(Fernmündlich von HGr.Kdo A
an AOK-4. Ab: 12.31 Uhr)

Auf Befehl des Führers ist der Angriff ostwärts Arras mit VIII. und II.AK. im Zusammenwirken mit linkem Flügel HGr.B nach Nordwesten fortzusetzen. Dagegen ist nordwestlich Arras die allgemeine Linie Lens-Bethune-Aire-St. Omer-Gravelines (Kanallinie) nicht zu überschreiten. Es kommt auf dem Westflügel vielmehr darauf an, alle beweglichen Kräfte aufschließen und den Feind an der genannten günstigen Abwehrlinie anrennen zu lassen.
H.Gr.A Ia –

24.5.40:
(21.00 Uhr)

An
Heeresgruppe A und B.

1.) O.K.H.-Befehl vom 23.5.40 – Gen.St.d.H. – Op.Abt. (Ia) Nr. 3215/40 g.K. tritt außer Kraft.

2.) Absicht O.K.H. bleibt, unter Deckung der Südflanke, den Feind im Raume Dünkirchen-Estaires-Lille-Roubaix-Roulers-Ostende einzuschließen. O.K.W. beabsichtigt dann, die Luftwaffe gegen diesen Raum anzusetzen.

3.) Heeresgruppe B greift mit rechtem Flügel und Mitte gegen die Linie Ostende-Roubaix weiter an. Südflügel rollt feindliche Grenzbefestigung in Richtung Lille auf.

4.) Heeresgruppe A:
4. Armee setzt mit rechtem Flügel den Angriff gegen Linie Seclin-La Bassée-Bethune fort und hält mit linkem Flügel zunächst Linie Bethune-Aire-St. Omer-Gravelines.

5.) Der befestigte Bereich der Städte Lille-Roubaix-Tourcoing ist im Angriff auszusparen.

6.) Trennungslinie zwischen Heeresgruppen B und A im Angriff ist die Linie: Valenciennes (West)-Orchies-Seclin. (Orte zu B)

(O.K.H. Genst.d.H. Op.Abt. (Ia)
Nr. 3218/40 g.Kdos)
gez. von Brauchitsch

(Aus: Dokumente zum Westfeldzug 1940, herausgegeben von Hans-Adolf Jacobsen,

86

Musterschmidt-Verlag, Göttingen-Berlin-Frankfurt.)

In diesem Zusammenhang ist auch die Erklärung des Notars Dr. Hans Walberer (damals Leutnant in der 256. Infanterie-Division) zu erwähnen, die auf S. 322 meiner Dokumentation »Der Fall Rudolf Heß 1941–1984« abgedruckt ist.

Bemerkenswert ist in diesem Zusammenhang die Darstellung, die – neben zahlreichen anderen Historikern – der führende britische Militärschriftsteller Liddell Hart in seinem grundlegenden Werk »History of the Second World War« (erschienen bei Econ Verlag GmbH, Düsseldorf und Wien 1972, ISBN 3 430 160839) von den Ereignissen zwischen dem 24. Mai und dem 4. Juni 1940 gibt. Liddell Hart schreibt dazu folgendes:

»Daß die britische Expeditionstruppe entkam, war zu einem großen Teil Hitlers persönlichem Eingreifen zu verdanken. Nachdem seine Panzer den Norden Frankreichs überrollt und die britische Armee von ihrem Stützpunkt abgeschnitten hatten, gebot Hitler ihnen in dem Augenblick Halt, als sie Dünkirchen nehmen wollten, den letzten Fluchthafen, der den Briten noch offenstand. Zu diesem Zeitpunkt war die Masse der britischen Expeditionstruppe noch viele Kilometer vom Hafen entfernt. Doch Hitler hielt seine Panzer drei Tage lang an. Seine Handlungsweise rettete die britischen Streitkräfte, als nichts anderes mehr sie hätte retten können. Dadurch konnten sie entkommen und sich in England sammeln, den Krieg fortsetzen und sich der Drohung einer Invasion entgegenstellen. Dadurch bewirkte Hitler seinen und Deutschlands Sturz fünf Jahre später. Den Briten war völlig klar, daß sie nur knapp entkommen waren, aber sie wußten nichts über die Gründe ihrer Rettung und sprachen von dem ›Wunder von Dünkirchen.‹

Nach eingehenden Untersuchungen dieses kritischen Vorfalls haben sich für den Historiker genügend Beweise ergeben, so daß er nicht nur die Kette der Ereignisse, sondern auch das, was eine logische Kette der Ursachen zu sein scheint, die zu dieser verhängnisvollen Entscheidung führten, zusammensetzen kann. Nachdem die Nachschublinien des alliierten linken Flügels in Belgien abgeschnitten waren, erreichte Guderians Panzerkorps am 20. Mai bei Abbeville das Meer. Dann rollte er nach Norden in Richtung auf die Kanalhäfen und die Nachhut der britischen Armee zu, die noch immer in Belgien war und dem Frontalaufmarsch von Bocks Infanterietruppen gegenüberstand. Zu Guderians Rechten bei dieser Fahrt nach Norden befand sich Reinhardts Panzerkorps, das ebenfalls zur Heeresgruppe Kleist gehörte.

Am 22. war durch seinen Vorstoß Boulogne eingeschlossen und am nächsten Tag Calais. Dies brachte ihn nach Gravelines, kaum fünfzehn Kilometer von Dünkirchen entfernt. Reinhardts Panzerkorps erreichte den Kanal Aire-St. Omer-Gravelines. Aber dort wurde die Weiterfahrt durch Befehle von oben gestoppt. Den Panzerführern wurde befohlen, ihre Truppen

hinter dem Kanal zurückzuhalten. Sie bombardierten ihre Vorgesetzten mit dringenden Anfragen und Protesten; aber man sagte ihnen, dies sei der ›persönliche Befehl des Führers.‹ ...
Am 24. hatte sich Weygand bitter darüber beklagt, daß sich die ›britische Armee auf eigene Faust 40 Kilometer in Richtung Hafen zurückgezogen hatte, und das in einem Augenblick, als unsere Truppen, die vom Süden im Anmarsch waren, nach Norden zu an Boden gewannen, wo sie mit ihren Verbündeten zusammentreffen sollten‹. Tatsache ist, daß die französischen Truppen vom Süden her keinen wahrnehmbaren Fortschritt gemacht hatten. Weygands Worte zeigten nur den Grad der Unwirklichkeit, in der er lebte. Am Abend des 25. fällte Gort endgültig die Entscheidung, sich zum Meer bei Dünkirchen zurückzuziehen. Achtundvierzig Stunden vorher waren die deutschen Panzer an der Kanallinie angekommen, nur 16 Kilometer vom Hafen entfernt. Am 26. gestattete das britische Kabinett dem Heeresministerium, Gort telegraphisch seinen Schritt zu genehmigen und ihn zu einem solchen Rückzug zu ›ermächtigen‹. Am nächsten Tag kam ein weiteres Telegramm, das ihn anwies, seine Streitkräfte auf dem Seeweg zu evakuieren.

Am gleichen Tag brach die Front der belgischen Armee in der Mitte unter Bocks Angriff zusammen, und es waren keine Reserven zur Stelle, um die Lücke zu füllen. König Leopold hatte durch Admiral Keyes schon wiederholt Warnungen an Churchill geschickt, daß die Lage hoffnungslos werde. Nun war sie mit einem Schlag hoffnungslos geworden. Der größte Teil Belgiens war schon überrollt, und die Armee stand mit dem Rücken zur See, eingepfercht auf einem schmalen Landstreifen, der von flüchtenden Zivilisten überfüllt war. Daher beschloß der König am späten Nachmittag, um Waffenstillstand nachzusuchen, und der Feuereinstellungsbefehl wurde in den Morgenstunden des nächsten Tages verkündet.

Der britische Rückzug zur Küste wurde jetzt zu einem Wettlauf auf die Schiffe, ungeachtet der bitteren französischen Proteste und Vorwürfe. Es war ein Glück, daß man in England schon eine Woche zuvor mit den Vorbereitungen begonnen hatte, wenn auch unter anderen Voraussetzungen. Am 20. Mai hatte Churchill Schritte genehmigt, ›eine große Zahl kleiner Fahrzeuge zusammenzuziehen und bereitzuhalten, um zu Häfen und Buchten an der französischen Küste zu fahren‹. Ursprünglich sollten diese Schiffe Teile der britischen Expeditionstruppe retten, die bei dem Versuch, nach dem bestehenden Plan südwärts nach Frankreich hineinzustoßen, abgeschnitten werden könnten. Die Admiralität verlor keine Zeit, die Vorbereitungen zu treffen. Admiral Ramsay, der Kommandant des Seebereichs Dover, war am Tag zuvor, am 19., mit der Leitung der Operation betraut worden. Eine Anzahl Fährboote, Marineboote und kleiner Küstenschiffe wurden sofort für das Unternehmen, das ›Operation Dynamo‹ hieß, zusammengezogen. Von Harwich bis nach Weymouth wur-

den die Offiziere der Seetransportstellen angewiesen, alle Schiffe bis zu tausend Tonnen listen-
mäßig zu erfassen.

In den darauffolgenden Tagen verschlechterte
sich die Lage rasch, und bald wurde der Admiralität klar, daß Dünkirchen der einzig mögliche
Evakuierungsweg war. ›Dynamo‹ begann am
Nachmittag des 26. – vierundzwanzig Stunden
vor dem belgischen Waffenstillstandsangebot
und noch ehe das Kabinett die Evakuierung genehmigt hatte.

Zunächst hatte man nicht erwartet, daß mehr als
ein kleiner Bruchteil der britischen Expeditionstruppe gerettet werden könne. Die Admiralität
hatte Ramsay angewiesen, zu versuchen, innerhalb von zwei Tagen 45 000 Mann zurückzubrin-
gen, da der Feind bis dahin wahrscheinlich jede
weitere Evakuierung unmöglich gemacht haben
würde. Tatsächlich landeten in der Nacht zum 28.
nur 25 000 Mann in England. Es war ein Glück, daß
die Gnadenfrist dann wesentlich länger war. ...
Bis zum 30. Mai waren 126 000 Mann evakuiert
worden, und auch der Rest der Expeditionstruppe war im Brückenkopf Dünkirchen eingetrof-
fen – mit Ausnahme einiger kleinerer Einheiten,
die während des Rückzugs abgeschnitten worden waren. Die Verteidigung des Brückenkop-
fes gegen die Einschließung zu Lande wurde dadurch hartnäckiger. Die Deutschen hatten ihre
Chance verpaßt.

Leider hatten die französischen Befehlshaber in
Belgien, die immer noch nach Weygands un-
tauglichem Plan operierten, gezögert, sich zu-

sammen mit den Engländern so schnell wie möglich zum Meer zurückzuziehen. Infolgedessen wurde die Hälfte dessen, was von der französischen Ersten Armee noch übriggeblieben war, bei Lille am 28. Mai abgeschnitten und mußte sich am 31. ergeben. Ihr tapferer dreitägiger Widerstand ermöglichte jedoch dem Rest und den Engländern zu entkommen.

Am 2. Juni um Mitternacht schiffte sich die englische Nachhut ein, und die Evakuierung der britischen Expeditionstruppe war beendet – 224000 Mann waren in Sicherheit gebracht worden, und nur ungefähr 2000 gingen mit ihren Schiffen auf dem Weg nach England unter.

Außerdem waren ungefähr 95000 verbündete Soldaten, hauptsächlich Franzosen, evakuiert worden. In der darauffolgenden Nacht wurden trotz wachsender Schwierigkeiten alle Anstrengungen unternommen, die restlichen Franzosen wegzuschaffen, und weitere 26000 Mann wurden gerettet. Leider wurden einige tausend Mann der Nachhut zurückgelassen, was in Frankreich Bitterkeit hinterließ.

In den Morgenstunden des 4. Juni waren 338000 britische und verbündete Soldaten in England an Land gegangen. Das war ein erstaunliches Ergebnis, gemessen an den Erwartungen, und eine großartige Leistung der Marine.

Fest steht aber auch, daß die Rettung des britischen Expeditionskorps unmöglich gewesen wäre ohne Hitlers Befehl, der Kleists Panzer zwölf Tage vorher, am 24. Mai, bei Dünkirchen zum Halten brachte. ...

Es gibt aber Beweise dafür, daß auch die Luftwaffe nicht so nachdrücklich eingesetzt wurde, wie es möglich gewesen wäre, und einige Luftwaffenoffiziere sagen, es sei auch hier Hitler gewesen, der bremste.

Deshalb vermutete man in höheren Kreisen hinter Hitlers militärischen Gründen ein politisches Motiv. Blumentritt, Rundstedts Operationsplaner, brachte das mit den merkwürdigen Äußerungen Hitlers in ihrem Hauptquartier in Verbindung:

›Hitler war bester Stimmung. Er gab zu, daß der Verlauf des Feldzugs ein wahres Wunder war und meinte, der Krieg werde in sechs Wochen zu Ende sein. Danach wollte er einen vernünftigen Frieden mit Frankreich schließen, und dann wäre der Weg frei für eine Verständigung mit England.

Dann sprach er zu unserer Verblüffung bewundernd vom britischen Weltreich, von der Notwendigkeit seiner Existenz und von der Zivilisation, die England der Welt gebracht hatte. Er bemerkte mit einem Achselzucken, das Empire sei mit Mitteln errichtet worden, die oft hart waren, aber ›wo gehobelt wird, fallen Späne‹. Er verglich das britische Empire mit der katholischen Kirche – beide seien wesentliche Elemente der Stabilität der Welt. Er sagte, er wolle von England nichts anderes, als daß es Deutschlands Stellung auf dem Kontinent anerkenne. Die Rückgabe von Deutschlands verlorenen Kolonien sei wünschenswert, aber nicht lebenswichtig, und er würde England sogar mit Truppen un-

93

terstützen, wenn es irgendwo in Schwierigkeiten verwickelt würde. Er bemerkte, die Kolonien seien in erster Linie eine Prestigefrage, da sie im Krieg nicht gehalten werden könnten und nur wenige Deutsche könnten sich in den Tropen ansiedeln.

Er schloß, sein Ziel sei es, Frieden mit Großbritannien zu schließen auf einer Grundlage, die es ehrenhaft betrachten würde.‹

Nachträglich dachte Blumentritt oft an dieses Gespräch. Er meinte, der Haltebefehl sei aus anderen als militärischen Gründen gegeben worden, und es habe sich um den Teil eines politischen Planes gehandelt, um den Frieden leichter möglich zu machen. Wäre die britische Expeditionstruppe bei Dünkirchen gefangengenommen worden, so hätte bei den Engländern das Gefühl aufkommen können, daß ihre Ehre befleckt sei und wiederhergestellt werden müsse. Indem er sie entkommen ließ, hoffte Hitler, sie zu versöhnen.

Da diese Darstellung von Generalen stammt, die Hitler sehr kritisch gegenüberstanden und die zugeben, daß sie selbst die britische Armee vernichten wollten, ist sie von um so größerer Bedeutung. Ihr Bericht über Hitlers Aussprüche in den Tagen von Dünkirchen paßt zu vielem, was er selbst in ›Mein Kampf‹ geschrieben hatte, und es ist bemerkenswert, wie sehr er sich in anderer Hinsicht an sein eigenes Testament hielt. In seinem Wesen gab es Züge, die darauf schließen lassen, daß er zu England eine Haßliebe empfand. Auch in den Tagebuchaufzeichnungen Cianos und Halders aus der damaligen Zeit sind ähnliche Bemerkungen über England festgehalten.«

An anderer Stelle schreibt Liddell Hart in seiner »Geschichte des Zweiten Weltkrieges«:

»Obwohl der Krieg mit dem deutschen Einmarsch in Polen am 1. September 1939 begann, worauf zwei Tage später die britische und französische Kriegserklärung an Deutschland folgte, ist es eine der Merkwürdigkeiten der Geschichte, daß Hitler und das deutsche Oberkommando keinerlei Vorbereitungen für den Kampf mit England getroffen hatten. Noch seltsamer war, daß in der fast neun Monate langen Pause, ehe im Mai 1940 die deutsche Offensive im Westen begann, nichts dergleichen geschah. Sogar als Frankreichs Zusammenbruch feststand, wurden keine Pläne dafür aufgestellt.
Daraus geht eindeutig hervor, daß Hitler auf eine Verständigung mit der englischen Regierung hoffte. Er rechnete mit einem Kompromißfrieden zu den günstigen Bedingungen, die er England gewähren wollte, und hatte trotz seiner ehrgeizigen Ziele nicht den Wunsch, einen Entscheidungskampf mit England auszutragen. Tatsächlich gab Hitler den deutschen Generalen zu verstehen, daß der Krieg beendet sei.
Es wurde Urlaub gewährt und ein Teil der Luftwaffe an andere eventuelle Fronten verlegt. Außerdem befahl Hitler am 22. Juni die Demobilisierung von 35 Divisionen.«

Hitler wird dann bei seiner Unterredung mit Rudolf Heß in der Reichskanzlei seinen Stellvertreter auch an den Friedensappell erinnert haben, den er am 19. Juli 1940 im Reichstag an Großbritannien richtete. Nach einer eingehenden Darstellung des Westfeldzuges schloß Hitler seine Ausführungen mit folgenden Worten:

»In dieser Stunde fühle ich mich verpflichtet, vor meinem Gewissen noch einmal einen Appell an die Vernunft auch in England zu richten. Ich glaube dies tun zu können, weil ich ja nicht als Besiegter um etwas bitte, sondern als Sieger nur für die Vernunft spreche. Ich sehe keinen Grund, der zur Fortführung dieses Kampfes zwingen könnte.
Ich bedaure die Opfer, die er fordern wird. Auch meinem eigenen Volk möchte ich sie ersparen. Ich weiß, daß Millionen deutscher Männer und Jünglinge bei dem Gedanken glühen, sich endlich mit dem Feind auseinandersetzen zu können, der ohne jeden Grund uns zum zweitenmal den Krieg erklärte. Allein ich weiß auch, daß zu Hause viele Frauen und Mütter sind, die trotz höchster Bereitwilligkeit, auch das Letzte zu opfern, doch mit ihrem Herzen an diesem Letzten hängen.«

Auch dieser Vorschlag wurde von der britischen Regierung abgelehnt, und wahrscheinlich wird Hitler in der Unterredung mit Heß am 5. Mai 1941 nicht versäumt haben, darauf hinzuweisen, daß sich Churchill in einem Ausmaß in die Abhängigkeit von Roosevelt

96

begeben habe, die es ihm gar nicht mehr erlaubte, allein und in eigener Verantwortung die richtig verstandenen Interessen Großbritanniens in diesem Krieg wahrzunehmen.

Es ist nicht ausgeschlossen, daß Hitler – dieser Gesichtspunkt wurde in meinem Antrag an die Gewahrsamsmächte vom 7. September 1984 noch nicht erwähnt und soll hier nachgetragen werden – bei dieser Unterredung in der Reichskanzlei Rudolf Heß auch an das Unternehmen »Felix«, also an die deutschen Planungen zur Eroberung Gibraltars (Weisung Nr. 18 vom 12. November 1940) erinnert hat. Gibraltar, Festung zwischen zwei Kontinenten und Kriegshafen zwischen zwei Meeren, war nicht nur der Schlüssel zum Mittelmeer, sondern auch zu Nordafrika. Seine Eroberung hätte nicht nur die britische Seeherrschaft im Mittelmeer beseitigt, sondern Deutschland auch die Möglichkeit geboten, auf das unbesetzte Französisch-Nordafrika einzuwirken. Gibraltar in deutscher Hand hätte außerdem die Verbindung Englands zu den britischen Mittelmeerinseln und dem Suez-Kanal unterbrochen. Auch die Route um Afrika herum konnte ständig von Gibraltar aus bedroht werden. Vielleicht hätte die Eroberung dieser Festung Großbritannien doch noch zum Abschluß eines Friedensvertrages bestimmt.

Jedenfalls wäre es den Anglo-Amerikanern am 7./8. November 1942 nicht möglich gewesen, mit drei Kampfgruppen – Western Task Force (Patton), Center Task Force (Fredendall) and Eastern Task Force (Ryder) – in Nordwestafrika zu landen und in kurzer Zeit Algier und Oran zu besetzen. Auf jeden Fall hätte der Krieg einen anderen Verlauf genommen.

Die Arbeiten am Plan zur Eroberung Gibraltars begannen im Juni 1940 und es waren auch bereits die Verbände des Heeres und der Luftwaffe bestimmt, die bei der Eroberung der Festung eingesetzt werden sollten. (Vgl. dazu Franz W. Seidler: »Unternehmen ›Felix‹, Heft 12 der Zeitschrift für Geschichtliches Wissen DAMALS, Dezember 1981, S. 1029.)

Am 23.10.1940 traf sich Hitler mit dem spanischen Staatschef, General Franco, in Hendaye. Das Protokoll über diese Besprechung ließ die Vorbehalte Francos gegen ein Durchmarsch-Recht der deutschen Wehrmacht durch Spanien deutlich erkennen:

»In Erfüllung seiner Verpflichtungen als Verbündeter wird Spanien im gegenwärtigen Krieg der Achsenmächte gegen England intervenieren, nachdem ihm die für seine Vorbereitungen notwendigen militärischen Unterstützungen gewährt wurden, zu einem Zeitpunkt, der in gemeinsamer Übereinstimmung zwischen den drei Mächten (Deutschland, Italien, Spanien) in Anbetracht der zu entscheidenden kriegerischen Vorbereitungen festgesetzt wird. Deutschland wird Spanien wirtschaftliche Hilfe gewähren, indem es ihm Ernährungs- und Rohstoffgüter liefert, um den Bedürfnissen des spanischen Volkes und den Erfordernissen des Krieges gegenüberzutreten.«

Es war klar, daß Franco zwar eine grundsätzliche Bereitschaft beteuert, aber keinen endgültigen Termin genannt hatte. Damit war das Unternehmen bereits auf der politischen Ebene gescheitert. Was allerdings Hitler Anfang Mai 1941 seinem Stellvertreter Heß nicht sagen konnte, waren die Umstände, die zu der ablehnenden Haltung Francos geführt hatten. Es waren Angehörige der Widerstandsbewegung in

Deutschland, die vor dem Treffen Hitlers mit Franco in Hendaye alles in ihrer Macht stehende getan hatten, um General Franco davon abzuhalten, den deutschen Truppen ein Durchmarsch-Recht durch Spanien einzuräumen. Es waren vor allem Admiral Canaris, Chef des Amtes Ausland/Abwehr im OKW und Staatssekretär von Weizsäcker (Auswärtiges Amt), die in dieser Richtung auf General Franco eingewirkt haben. Staatssekretär von Weizsäcker hat im Wilhelm-Strassen-Prozeß (Fall Nr. XI) vor dem amerikanischen Militärtribunal IV am 9.6.1948 auf Fragen seines Verteidigers dazu folgendes im Zeugenstand ausgesagt:

F: Wie stellten Sie sich zu dem in dieser Zeit aufkommenden Angriffsplan auf Gibraltar?
A: Jedenfalls so, daß eine Aussöhnung mit Frankreich gleichzeitig mit einem Angriffsplan auf Gibraltar nicht ins Auge gefaßt werden könnte. Dieser Gibraltarplan hätte ja bedeutet, nun Spanien auch noch in den Strudel hineinzuziehen. Man konnte sich denken, entweder Spanien als Kriegsgenossen zu gewinnen oder mit Frankreich einen würdigen Frieden machen; beides zusammen ging aber nicht.
F: Also aus diesem Grund haben Sie nichts von diesem Plan gehalten?
A: Das war ein Grund, warum ich nichts davon hielt; aber auch keineswegs der einzige.
F: Sie hatten also noch mehrere Gründe?
A: Ich hatte eigentlich nur Gründe dagegen, militärische, wirtschaftliche und auch moralische. Militärisch hätten wir gar nicht den

Kräfteüberschuß gehabt, um die lange Küste von Spanien auch nur im geringsten wirksam zu verteidigen, da wäre es uns genau so gegangen, wie Napoleon mit seinem spanischen Feldzug. Wirtschaftlich waren wir vollständig außerstande, auch nur die bescheidensten Anforderungen Spaniens, die wir kannten, für die Ernährung des Landes sicherzustellen; und Spanien wäre für uns nichts gewesen als ein Ballast, und von der moralischen Verantwortung für dieses Land, das aus dem Bürgerkrieg kam, gar nicht zu reden.

F: Wollte die spanische Regierung denn selbst den Krieg?

A: Ich habe den Willen der spanischen Regierung, in den Krieg damals einzutreten, selbst nicht feststellen können, obgleich ich auch Gelegenheit hatte, mit dem spanischen Außenminister einmal zu reden. Aber sicherheitshalber griff ich damals zusammen wieder mit Canaris zu einem extravaganten Mittel. Um die Spanier zum Krieg aufzustacheln, schickte Hitler nämlich den Admiral Canaris nach Spanien, denn es war bekannt, daß Canaris dort gute alte Beziehungen hatte. Und ich vereinbarte nun mit Canaris, daß er statt dessen den Spaniern reinen Wein einschenken sollte und ihnen die sichere Katastrophe klarmachen würde, in die sie hineinkamen, unvermeidlich und unerbittlich.

F: Sind Sie der Ansicht, daß der Rat von Cana-

ris dazu beitrug, Spanien aus dem Krieg her-
auszuhalten?

A: Das weiß ich nicht, aber gehört habe ich
»Ja«. Ich will so viel sagen, der Rat, den er
gab, war sicher richtig.

(S. 7989 des Protokolls des Militärtribunals IV im Fall
XI.)

Erst recht konnte Hitler seinem Stellvertreter bei der
Unterredung in der Reichskanzlei am 05.05.1941 natürlich nichts von den konspirativen Verbindungen sagen, die Angehörige der Widerstandsbewegung in
Deutschland vor dem Krieg mit dem Ausland, insbe-
sondere mit Großbritannien aufgenommen hatten.
Nähere Angaben sind darüber enthalten in der Doku-
mentation »Aufstand des Gewissens – Militärischer
Widerstand gegen Hitler und das NS-Regime
1933–1945«, im Auftrag des Bundesministeriums der
Verteidigung herausgegeben vom Militärgeschichtlichen Forschungsamt in Freiburg 1984, Verlag E.S.
Mittler & Sohn GmbH, ISBN 3 8132 0197X. Danach
griff Becks Nachfolger, General der Artillerie Franz
Halder, als Generalstabschef des Heeres frühere
Staatsstreichpläne seines Vorgängers auf. Eine wichtige Rolle spielte bei diesen Vorbereitungen Oberst
Oster von der Abteilung Ausland/Abwehr im OKW.
Er knüpfte die Kontakte zu Regimegegnern im Auswärtigen Amt, im Innen- und Justizministerium sowie
zur Berliner Polizei. Emissäre Halders und Osters in-
formierten Mitglieder der britischen Regierung und
versuchten, sie zu einem Kurs der Härte gegen Hitlers
Forderungen zu bewegen. Oberst Oster hatte den
konservativen Ewald von Kleist-Schmenzin zum da-

maligen britischen Oppositionsführer Winston Churchill entsandt, General Halder hatte durch den Hauptmann Karl Boehm-Tettelbach mit dem britischen Kriegsministerium Verbindung aufnehmen lassen. Im Auftrage des Staatssekretärs des Auswärtigen Amtes, Ernst Freiherr von Weizsäcker, informierte der Botschaftsrat der deutschen Botschaft in London, Theo Kordt, den britischen Außenminister Halifax über die Pläne der Opposition. Großbritannien sollte dadurch zu einer unnachgiebigen Haltung veranlaßt werden, damit Hitler das Kriegsrisiko unmißverständlich klar gemacht würde. General Halder sollte den auslösenden Befehl geben, General von Witzleben (Kommandierender General des III. Armeekorps und Befehlshaber im Wehrkreis III) sollte die Durchführung des Staatsstreichs leiten. (Aufstand des Gewissens, aa0 S. 69 ff.)

Botschaftsrat Theo Kordt – er war damals deutscher Geschäftsträger in London – hat sich als Zeuge der Verteidigung für den Staatssekretär von Weizsäcker im Fall XI (Wilhelm-Strassen-Prozeß) vor dem amerikanischen Militärtribunal IV ebenfalls über seine Verhandlungen mit der britischen Regierung, insbesondere mit Außenminister Lord Halifax geäußert. Danach hat er Lord Halifax versichert, »daß die politischen und militärischen Kreise, für die er hier spreche, die Waffen ergreifen werden gegen eine See von Schwierigkeiten und diese durch Widerstand beenden werde. Es sei äußerste Wachsamkeit geboten und die britische Regierung dürfe nicht davor zurückschrecken, im Einvernehmen mit ihnen auch drastische Mittel anzuwenden, um Hitler an der Weiterverfolgung seiner verbrecherischen Politik zu hindern.«

Der britische Premierminister Neville Chamberlain hat diese Signale offenbar so verstanden, wie sie gemeint waren. Am 10.09.1939, also eine Woche nach der Kriegserklärung Großbritanniens und Frankreichs an das Deutsche Reich, hat er in sein Tagebuch eingetragen: »Worauf ich hoffe ist nicht ein militärischer Sieg – ich bezweifle stark, daß ein solcher möglich ist – sondern ein Zusammenbruch der deutschen Heimatfront.« (Vgl. dazu Wolf Rüdiger Heß, Mein Vater Rudolf Heß, aaO, S. 55 ff.)

Im Schriftsatz an die vier Gewahrsamsmächte vom 07.09.1984 heißt es dann weiter:

Vor allem aber wird Hitler bei dieser Unterredung in der Reichskanzlei seinen Stellvertreter Heß darauf hingewiesen haben, daß die Bedrohung aus dem Osten durch die Sowjetunion immer stärker zunehme und es außerdem nur noch eine Frage verhältnismäßig kurzer Zeit sei, bis auch die Vereinigten Staaten von Amerika gegen das Deutsche Reich und gegen Japan in den Krieg eintreten würden.
Die übrigen Argumente, die Hitler in diesem Gespräch in der Reichskanzlei außerdem noch Rudolf Heß gegenüber vorgebracht haben dürfte, werden sich weitgehend mit seinen Ausführungen in der Rede gedeckt haben, die er sieben Monate später, nämlich am 11.12.1941 und vier Tage nach dem durch Roosevelt provozierten Angriff der Japaner gegen die amerikanische Pazifik-Flotte in Pearl Harbour, im Reichstag gehalten hat und die im Anhang abgedruckt ist. In dieser Reichstagsrede hat Hitler auch das Abkommen bekanntgegeben, nach dem »Deutschland, Italien und

Japan den ihnen von den Vereinigten Staaten von Amerika und England aufgezwungenen Krieg mit allen ihnen zu Gebote stehenden Machtmitteln gemeinsam bis zum siegreichen Ende führen werden«.

Aber gerade der Hinweis Hitlers auf die massive Aufrüstung und die drohende Haltung der Sowjetunion, vor allem aber der bevorstehende Kriegseintritt Amerikas, werden Rudolf Heß dazu gebracht haben, Hitler etwa folgendes zu erwidern: »Ich stimme völlig mit dieser Lagebeurteilung überein. Aber wenn diese Analyse richtig ist, woran ich nicht zweifle, dann müssen wir angesichts des enormen Wirtschafts- und Kriegspotentials der Vereinigten Staaten erst recht in letzter Stunde noch einmal einen Versuch unternehmen, die Menschheit vor der Katastrophe eines neuen Weltkriegs zu bewahren.« Rudolf Heß wird dann Hitler gegenüber ähnliche Worte gebraucht haben, wie er sie einige Wochen später zu Lord Simon in England gesagt hat:

> »Ich muß gestehen, daß ich vor einem sehr schweren Entschluß stand, dem schwersten meines Lebens, selbstverständlich, und ich glaube, es ist mir ermöglicht worden dadurch, daß ich mir immer wieder vor Augen gehalten habe, sowohl auf deutscher Seite wie auf englischer Seite, eine endlose Reihe von Kindersärgen mit den weinenden Müttern dahinter und umgekehrt die Särge von Müttern mit den Kindern dahinter.«

Nach diesen eindringlichen Worten wird dann vielleicht Hitler gesagt haben: »Mein lieber Heß, wenn Sie glauben, daß Ihr Seelenheil von einem solchen

Versuch in letzter Stunde abhängt, dann fliegen Sie in Gottes Namen. Sie müssen mir jedoch Ihr Ehrenwort geben, daß Sie mich im Falle eines Fehlschlags aus dem Spiel lassen. Ich habe dann mit dieser Sache nichts zu tun, und ich werde auch nicht zögern, mich von Ihnen und von diesem gescheiterten Unternehmen zu distanzieren.« Selbstverständlich wird Rudolf Heß dieses Ehrenwort seinem Führer gegenüber gegeben haben. Er hat sich bis zum heutigen Tag an dieses Versprechen gehalten. Mit ein Grund für sein Schweigen dürfte wahrscheinlich aber noch etwas anderes sein: Spätestens nach seiner Unterredung mit Lord Simon am 10.6.1941 (S. 105 der Dokumentation »Der Fall Rudolf Heß«) ist Heß offenbar klar geworden, daß seine Mission endgültig gescheitert ist. Er wird erkannt haben, daß die Beurteilung der Lage und vor allem die Einschätzung der tatsächlichen Machtverhältnisse in Großbritannien und in den Vereinigten Staaten von Amerika durch Hitler richtig und die sich daraus ergebenden Zweifel in bezug auf die Erfolgsaussichten seines Fluges begründet waren. Er wird daher auch nicht gezögert haben, die volle und alleinige Verantwortung für den Fehlschlag dieser Mission, nämlich in letzter Stunde die Menschheit vor einem neuen Weltkrieg mit mehr als 50 Millionen Toten zu bewahren, auch vor der Geschichte zu übernehmen.

2. Rudolf Heß, Stellvertreter des Führers des Deutschen Reiches, flog am 10. Mai 1941 allein in einem Flugzeug der deutschen Luftwaffe nach Großbritannien, um die britische Regierung zur Aufnahme von Waffenstillstandsverhandlungen mit dem Deutschen Reich zu bewegen. Nach der Ablehnung aller Frie-

densangebote von Hitler nach dem Feldzug gegen Polen und nach dem Waffenstillstand mit Frankreich wollte Heß dazu die Friedensvorschläge Hitlers an die britische Regierung überbringen. Dazu gehörten insbesondere:

- die Abgrenzung der Interessensphären Großbritanniens und der Achsenmächte,
- die Rückgabe der deutschen Kolonien,
- die Entschädigung deutscher und britischer Staatsangehöriger und
- der Waffenstillstand und Friedensschluß mit Italien zu gleicher Zeit.

Heß benutzte für seinen Flug am 10. Mai 1941 eine Me 110, einen Zerstörer der deutschen Luftwaffe, aus dem die Kanonen und Maschinengewehre ausgebaut bzw. unbrauchbar gemacht worden waren. Er selbst trug bei dem Flug die Uniform eines Hauptmanns der Luftwaffe. Über Schottland sprang er mit dem Fallschirm ab. Es kann übrigens nicht als völlig ausgeschlossen betrachtet werden, daß Rudolf Heß bei seiner Mission, also bei seinem Flug nach Großbritannien, von der Annahme ausging, mit seiner Me 110 auf einem Flugplatz in Schottland landen zu können, und daß er erst mit dem Fallschirm absprang, als dieses Vorhaben sich – aus welchen Gründen auch immer – als unmöglich erwies und die Maschine wegen Treibstoffmangels abzustürzen drohte. Ich verweise in diesem Zusammenhang auf die einschlägigen Ausführungen von Wolf Rüdiger Heß in seinem Buch »Mein Vater Rudolf Heß«, das bereits vorgelegt wurde. Einen Tag später, am 11. Mai 1941, fand die Unterredung mit dem Herzog von Hamilton statt; vom 13. bis 15. Mai 1941 folgten drei Unterredungen mit dem Beauftragten der britischen Regierung, Sir Ivone Kirkpatrick. Über diese Besprechungen hat Sir Ivone Kirkpatrick Aktenvermerke erstellt, die von der britischen Anklagevertretung in Nürnberg als Beweismittel vorgelegt und vom Tribunal auch als solche angenommen wurden. Am 10. Juni 1941 fand dann eine weitere Unterredung, die etwa zwei Stunden dauerte, mit Lordkanzler Simon als weiterem Bevollmächtigten der britischen Regierung statt. Über diese Unterredung wurde eine wörtliche Niederschrift aufgenommen, die ebenfalls dem IMT als Beweismaterial vorgelegt und von diesem als solches angenommen wurde. Einige Wochen später fand dann noch eine Unterredung mit Lord Beaverbrook, damals Minister für die Flugzeugproduktion, statt, über die jedoch keine schriftlichen Aufzeichnungen bekannt wurden. Es ist jedoch davon auszugehen, daß auch Lord Beaverbrook einen Aktenvermerk verfaßt hat, der sich aller Wahrscheinlichkeit nach in den Akten der britischen Regierung befindet, deren Geheimhaltung von der Regierung bis zum Jahre 2017 angeordnet wurde. In allen diesen Unterredungen hat Rudolf Heß die von ihm überbrachten Vorschläge nicht als eigene Vorschläge bezeichnet, sondern sämtliche als solche Adolf Hitlers, des Staatsoberhauptes des Deutschen Reiches, Reichskanzlers und Oberbefehlshabers der deutschen Wehrmacht. Keiner der Gesprächspartner von Rudolf Heß hat diese von Heß überbrachten Vorschläge anders aufgefaßt, sondern nur als solche des Staatsoberhauptes des Deutschen Reiches und Oberbefehlshabers der deutschen Wehrmacht. Es folgt in dem Schriftsatz an die vier Gewahrsamsmächte vom 7. September 1984 dann eine gedrängte Darstellung des Inhalts des Rechtsgutachtens von Professor Dr. Blumenwitz vom 30. August 1984. Auf S. 31 des Schriftsatzes an die Gewahrsamsmächte vom 7. September 1984 heißt es dann weiter:

Wie sich aus den Ausführungen in Ziffer 1) dieses Schriftsatzes ergibt, war Hitler in seiner Eigenschaft als Staatsoberhaupt, Regierungschef und Oberbefehlshaber der Wehrmacht unter Zurückstellung großer politischer Bedenken mit der Mission von Rudolf Heß einverstanden. Er hat ihn mit der Führung von Waffenstillstandsverhandlungen und mit der Einleitung von Friedensvertragsverhandlungen mit Großbritannien bevollmächtigt. Wie sich aus den Aktenvermerken von Sir Ivone Kirkpatrick und aus der Niederschrift über die Unterredung zwischen Rudolf Heß und dem Lordkanzler Simon vom 10. Juni 1941 ergibt, hat Rudolf Heß konkrete Vorschläge der deutschen Reichsregierung der britischen Regierung überbracht, und die britische Regierung hat diese Vorschläge auch als solche der Reichsregierung angesehen. Ich verweise in diesem Zusammenhang auch auf die einschlägigen Ausführungen in dem Buch von Wolf Rüdiger Heß »Mein Vater Rudolf Heß«. Die britische Regierung hätte sich mit diesen Vorschlägen nicht so eingehend befaßt, wenn sie nicht davon ausgegangen wäre, daß es sich um Vorschläge der deutschen Reichsregierung handelte. Richtig ist, daß die von Rudolf Heß überbrachten Vorschläge seiner Regierung in dem entscheidenden Punkt, nämlich in der Abgrenzung der beiderseitigen Interessensphären, unbestimmt waren. Dies hätte aber natürlich die britische Regierung nicht davon abzuhalten brauchen, auf einer Erläuterung dieses Verhandlungsgegenstandes zu bestehen und zu diesem Zweck Rudolf Heß um Ergänzung und Aufklärung zu bitten. Möglicherweise wäre Rudolf Heß schon in der Unterredung mit Sir Ivone Kirkpatrick zur Abgabe solcher Erläuterungen in der Lage gewesen. Es ist davon auszugehen, daß Hitler schon in seinem vier Stunden dauernden Gespräch mit Rudolf Heß in der Reichskanzlei dazu seine Vorstellungen entwickelt hat. Wenn Rudolf Heß während seiner Unterredungen in Großbritannien zur Abgabe solcher Erläuterungen und Ergänzungen nicht in der Lage war, dann hätte es der britischen Regierung natürlich freigestanden, Rudolf Heß nach Deutschland zurückzuschicken – gegebenenfalls über ein neutrales Land – und ihm Gelegenheit zu geben, mit seiner Regierung über die weitere Behandlung dieses Punktes zu sprechen. Die britische Regierung hätte aber natürlich auch erklären können, daß sie nicht bereit sei, in zweiseitige Waffenstillstands- und Friedensvertragsverhandlungen mit dem Deutschen Reich einzutreten, daß sie aber durchaus bereit sei, die von Rudolf Heß angeschnittenen Fragen auf einer sofort einzuberufenden europäischen Sicherheitskonferenz zu behandeln, an der neben den kriegführenden Parteien auch die Sowjetunion und die Vereinigten Staaten von Amerika teilnehmen müßten. Möglicherweise hätte Rudolf Heß auf Grund der ihm von Hitler gemachten Mitteilungen zu einem solchen Vorschlag sofort sein Einverständnis erklären können. Sah sich Rudolf Heß zu einer solchen Erklärung ohne vorherige Rücksprache mit Adolf Hitler nicht imstande, dann hätte die britische Regierung auch in einem solchen Fall ihn wieder nach Deutschland zur Einholung weiterer Informationen zurückschicken müssen.

Rudolf Heß kam als Parlamentär nach Großbritannien, und er wurde von der britischen Regierung auch als solcher behandelt. Dies ergibt sich, wie bereits ausgeführt, zweifelsfrei aus den Aktenvermerken des späteren Unterstaatssekretärs Sir Ivone Kirkpatrick und aus der Niederschrift über die Unterredung mit Lordkanzler Simon. Die britische Regierung konnte Rudolf Heß die ihm durch Art. 32 HLKO eingeräumte Stellung eines Parlamentärs im nachhinein nicht wieder absprechen. Das ergibt sich schon daraus, daß der Parlamentär, mit dem bereits verhandelt wurde, ja unmöglich schlechter stehen darf als derjenige Parlamentär, der nicht empfangen und abgewiesen wurde. Wenn dieser aber schon den vollen völkerrechtlichen Schutz genießt, so muß dies erst recht für den Parlamentär gelten, der empfangen wurde und bereits verhandelte.

Nach diesen Verhandlungen kann sich Großbritannien auch nicht mehr auf Mängel hinsichtlich des Nachweises der Bevollmächtigung von Heß als Parlamentär berufen. Unterstellt man, daß Rudolf Heß von Hitler bevollmächtigt war, mit Großbritannien als Parlamentär in Waffenstillstandsverhandlungen einzutreten, so war Heß objektiv Parlamentär und als solcher völkerrechtlich geschützt.

Der völkerrechtliche Schutz des Parlamentärs besteht in seiner Unverletzlichkeit. Sie umfaßt die körperliche Unversehrtheit des Parlamentärs, den Schutz vor Gefangennahme sowie jeglichem Festhalten. Nur für kurze Zeit darf er zurückgehalten werden, wenn etwa die Mitteilung der vom Parlamentär unvermeidlich gemachten Beobachtungen an den Gegner den Erfolg einer laufenden militärischen Operation gefährden würde. Aber er ist auch in diesem Fall keineswegs Kriegsgefangener. Ebensowenig ist eine Verurteilung des Parlamentärs wegen Taten möglich, die er vor der Entsendung begangen hat.

Zusammenfassend kann festgestellt werden, daß Rudolf Heß bei seinem Flug nach Großbritannien am 10. Mai 1941 als Parlamentär nach Art. 32 f. der Haager Landkriegsordnung völkerrechtlich geschützt war. Der Anwendbarkeit dieser Bestimmung steht weder die Tatsache entgegen, daß Heß als Beförderungsmittel ein Flugzeug benutzte noch der komplexe Verhandlungsgegenstand, der nicht nur unmittelbar auf den Konflikt selbst bezogene Fragen umfaßte. Als Offizier und als Reichsminister entstammte er dem für die Auswahl eines Parlamentärs üblichen Personenkreis. Ebenso ist das Faktum, daß er unbewaffnet nach Großbritannien flog, ein starkes Indiz für seinen Status als Parlamentär. Durch das objektive Vorliegen der Bevollmächtigung war Rudolf Heß als Parlamentär völkerrechtlich geschützt. Auf jeden Fall war es Großbritannien nach Eintritt in Verhandlungen mit ihm verwehrt, sich auf einen eventuellen Mangel des Nachweises der Bevollmächtigung zu berufen. Die sich aus Art. 32 HLKO ergebende völkerrechtlich gesicherte Unverletzlichkeit schützte Rudolf Heß nicht nur in seiner körperlichen Unversehrtheit und vor Gefangennahme oder jeglichem Festhalten, sondern auch vor Verurteilung für eventuelle Taten, die er vor Antritt seiner Mission begangen hat.

3. Wie bereits ausgeführt, schließt die Unverletzlichkeit des Parlamentärs nach Art. 32 HLKO das Verbot ein, den Parlamentär wegen Handlungen, die er vor Antritt seiner Mission begangen hat, strafrechtlich zur Verantwortung zu ziehen. Dies ist im völkerrechtlichen Schrifttum völlig unbestritten. Trotz dieser klaren Rechtslage wurde Rudolf Heß im November 1945 vor dem Internationalen Militärtribunal in Nürnberg angeklagt. Dies stellt einen klaren Verstoß gegen zwingendes Völkerrecht dar. Das gleiche gilt von dem Urteil, das das IMT am 1. Oktober 1946 gegen ihn verhängte. Es kann zunächst dahingestellt bleiben, welche Auswirkungen dieser völkerrechtliche Verstoß auf den rechtlichen Bestand des Urteils des IMT hat, weil dieses Urteil gegen Rudolf Heß aus anderen Gründen ohnehin nichtig ist. Rudolf Heß wurde in Nürnberg vom IMT von der Anklage freigesprochen,

112

Kriegsverbrechen oder Verbrechen gegen die Menschlichkeit begangen zu haben. Er wurde mit der Begründung zu lebenslanger Freiheitsstrafe verurteilt, an der Planung, Vorbereitung und Führung eines Angriffskrieges teilgenommen zu haben. Wie bereits wiederholt ausgeführt wurde und wie sich aus der anliegenden Dokumentation »Der Fall Rudolf Heß 1941–1984« ergibt, hat es aber bei Ausbruch des Krieges am 1. September 1939 keinen Satz des Völkerrechts gegeben, nach dem ein Staatsoberhaupt, Minister, General oder anderer staatlicher Organträger wegen einer solchen Handlung persönlich und strafrechtlich zur Verantwortung gezogen werden konnte. Einen solchen Satz des Völkerrechts gibt es auch heute noch nicht. Dies ist völlig unbestritten. Auch die Praxis der Staaten seit 1945 ist in dieser Frage völlig eindeutig. Bei keinem der zahlreichen seit 1945 geführten Kriege wurde auch nur erwogen, die für diese Kriege verantwortlichen Staatsmänner persönlich und strafrechtlich zur Verantwortung zu ziehen und vor ein internationales Strafgericht zu stellen. Das gilt auch und insbesondere für die Kriege, an denen in den letzten Jahrzehnten seit 1945 die Siegermächte, die in Nürnberg als Gesetzgeber, Ankläger und Richter auftraten, als kriegführende Parteien beteiligt waren. Hinsichtlich der Einzelheiten verweise ich auf meinen an die vier Gewahrsamsmächte gerichteten Schriftsatz vom 16. April 1984, in dem diese Kriege im einzelnen aufgeführt sind. Dazu gehören unter anderen der Angriff Großbritanniens und Frankreichs auf Ägypten Ende Oktober 1956, der Vietnamkrieg und der von der Sowjetunion an Weihnachten 1979 begonnene Krieg gegen Afghanistan.

Es kommt hinzu, daß an dem Prozeß und an dem Urteil des IMT in Nürnberg eine Macht, nämlich die Sowjetunion, als Gesetzgeber, Ankläger und Richter mitwirkte, die selbst Teilnehmer an einem Krieg war, der den Gegenstand des Verfahrens bildete, nämlich des Krieges gegen Polen im Jahre 1939. Niemand kann aber Richter in eigener Sache sein. Ich verweise in diesem Zusammenhang auf den Entwurf meines Schlußvortrages vor dem IMT, in dem die damit zusammenhängenden Rechtsfragen erörtert wurden, der aber vom IMT zum mündlichen Vortrag nicht zugelassen wurde – eine beispiellose Beschränkung der Verteidigung –, der aber auf den Seiten 196 ff. meiner Dokumentation zum Fall Rudolf Heß abgedruckt ist.

Die Entscheidung des IMT vom 1. Oktober 1946 ist kein Urteil im Rechtssinn, sondern in Wahrheit ein »Nichturteil«. Die seit mehr als 43 Jahren andauernde Einschließung von Rudolf Heß, seit 1. Oktober 1966 als einziger Gefangener in dem Militärgefängnis in Berlin-Spandau, ist nichts anderes als ein Akt der Willkür, begangen von Mächten, die angeblich für das Recht, die Freiheit und die Menschenrechte in den Krieg gezogen sind.

Soweit der Text meines Antrages an die vier Gewahrsamsmächte vom 7. September 1984. Abschriften dieses Antrages habe ich noch am gleichen Tag dem Bundespräsidenten und der Bundesregierung zugeleitet.

Bei der Würdigung der Rede Hitlers vor dem Deutschen Reichstag am 11. Dezember 1941, auf die ich in meinem Antrag an die vier Gewahrsamsmächte vom 7. September 1984 Bezug

114

genommen habe und die als Anhang abgedruckt ist, kann ein Kommentar von Bedeutung sein, den die sowjetische Nachrichtenagentur TASS am 16. September 1984 veröffentlicht hat und in dem an den Hitler-Stalin-Pakt vom 23. August 1939 erinnert wird.

In diesem Kommentar hieß es, die sowjetische Regierung sei damals zu einer Übereinkunft über einen Nichtangriffs-Pakt mit dem nationalsozialistischen Diktator gezwungen worden, »weil sie einen Krieg habe vermeiden wollen und Zeit zur Verbesserung ihrer Verteidigungsmöglichkeiten benötigt habe«. Die Lektion sei noch heute von Bedeutung.

Westliche Diplomaten erklärten – so die britische Nachrichtenagentur REUTER aus Moskau –, die Wortwahl des Kommentars von TASS mache deutlich, daß die sowjetische Regierung Parallelen zwischen Hitler und Reagan zu ziehen versuche und zeigen wolle, daß sich die Sowjetunion 1984 einer ähnlichen Situation gegenübersehe wie 1939. Offensichtlich wurde dieser Kommentar von TASS aus Anlaß der bevorstehenden Unterredung zwischen Außenminister Gromyko und Präsident Reagan am 27. September 1984 in Washington veröffentlicht.

In dem Kommentar der Nachrichtenagentur TASS wurde weiter ausgeführt, »westliche Kritiker des Hitler-Stalin-Pakts hätten unrecht, wenn sie glaubten, die Sowjetunion sei seinerzeit von Hitler getäuscht worden oder habe ihre Haltung ihm gegenüber geändert. Als Nazi-Deutschland mit dem Vorschlag eines Abkommens an die Sowjetunion herangetreten sei, habe sie nicht eine Minute lang an die Ernsthaftigkeit Hitlers und seiner Regierung geglaubt. Aber für die Sowjetunion habe sich die Möglichkeit eröffnet, die Entfesselung der Hitlerschen Aggression hinauszuzögern und als Konsequenz daraus besser vorbereitet zu sein, sie zurückzuschlagen.«

Auch in diesem Kommentar von TASS ist nur die Rede vom Nichtangriffs-Vertrag zwischen Deutschland und der Sowjetunion vom 23. August 1939.

Mit keinem Wort wird das geheime Zusatzprotokoll erwähnt, das der Vorsitzende des Rates der Volkskommissare und Außenminister W. Molotow und der Reichsaußenminister von Ribbentrop am gleichen Tag in Moskau unterzeichnet haben. Unerwähnt bleibt auch die Tatsache, daß es Stalin war, der mit seiner Rede auf dem XVIII. Parteitag der KPdSU (B) am 10. März 1939 in Moskau den Anstoß zu den Verhandlungen gegeben hat, die dann zum Abschluß des Nichtangriffs-Vertrages vom 23. August 1939 mit dem geheimen Zusatzprotokoll führten. Molotow hat daher zu Recht nach Unterzeichnung des ganzen Vertragswerkes in der Nacht vom 23. auf 24. August 1939 im Kreml sein Glas auf Stalin erhoben, wobei er bemerkte, »daß es Stalin gewesen sei, der durch seine Rede vom März ds. J., die in Deutschland gut verstanden worden sei, den Umsturz der politischen Beziehungen eingeleitet habe«. (Vgl. dazu S. 98 meiner Dokumentation »Der Fall Rudolf Heß 1941–1984«).

In dem Kommentar der Nachrichtenagentur TASS vom 16. September 1984 wird ausgeführt, daß es der Sowjetunion mit dem Abschluß des Nichtangriffsvertrages vom 23. August 1939 darum gegangen sei, Zeit für eine beschleunigte Aufrüstung der Roten Armee zu gewinnen. Dieses Ziel wurde von Stalin erreicht. In

116

dem vom Militärgeschichtlichen Forschungsamt in Freiburg/B. herausgegebenen und im Jahr 1983 erschienenen umfassenden Werk »Das Deutsche Reich und der Zweite Weltkrieg« (Deutsche Verlags-Anstalt GmbH, Stuttgart, ISBN 3 421060983) wird in Band 4 (Der Angriff auf die Sowjetunion) auf S. 74 ff. folgendes ausgeführt:

»In der sowjetischen Geschichtsschreibung bildet die noch mangelhafte Abwehrvorbereitung der Roten Armee zum Zeitpunkt des deutschen Angriffs am 22. Juni 1941 ein gewichtiges Argument zum Beweis der friedlichen Absichten der Sowjetregierung. Zugleich wird in diesem Zusammenhang auch der angeblich noch unfertige Rüstungsstand angeführt, wobei sich die einschlägigen Veröffentlichungen jedoch in einem bis heute nicht aufgehobenen Zwiespalt befinden. Denn um die Niederlagen der ersten Kriegsphase irgendwie erklärbar zu machen, ist man auf der einen Seite genötigt, die kräftemäßige Überlegenheit der Truppen der Wehrmacht über die Rote Armee als überwältigend erscheinen zu lassen. Andererseits aber, um das Vertrauen in die Weitsicht und Fürsorge von Partei und Regierung nicht zu erschüttern, ist es auch wiederum erforderlich darzulegen, daß alles geschehen sei, die Rote Armee und Flotte kriegsmäßig auszurüsten und verteidigungsbereit zu machen. Mit Nachdruck wird hervorgehoben, die Rüstungsindustrie des Landes sei voll in der Lage gewesen, den gewaltig angewachsenen Streitkräften alle erforderlichen Kriegsmittel zuzu-

117

führen und überdies angemessene Reserven zur Aufstellung neuer Verbände im Mobilmachungsfall und zur Ersetzung der entstehenden Verluste anzulegen. Chruščev vertrat die erste Version, als er auf dem XX. Parteikongreß der KPdSU am 25. Februar 1956 erklärte, »daß unsere Armee schlecht bewaffnet war und nicht über genügend Artillerie, Panzer und Flugzeuge« verfügt habe. Behauptungen, daß die »deutschen Horden ... eine zahlenmäßige Übermacht vor allem an Panzern und Flugzeugen besaßen«, finden sich an vielen Stellen der einschlägigen Literatur. So wird die Stärke der Deutschen und ihrer Verbündeten sowjetischerseits mit 5,5 Millionen Soldaten, 4300 Panzern und Sturmgeschützen, 47 200 Geschützen und Granatwerfern sowie 4980 Flugzeugen angegeben. Demgegenüber seien in den westlichen Militärbezirken nur 170 von 303 vorhandenen Divisionen der Roten Armee sowie 2 Brigaden zusammengezogen worden. Die Mannschaftsstärke dieser Verbände ist, wie erwähnt, maximal nur mit 1 289 000 Mann zu berechnen, hat einschließlich des Personalbestandes der Flotte anderen Angaben zufolge aber 2 900 000 Mann betragen. Diese Truppenmasse habe angeblich über 1800 schwere und mittlere Panzer, über 34 695 Geschütze und Granatwerfer, über 1540 Flugzeuge sowie über eine »beträchtliche« Menge veralteter Panzer und veralteter Flugzeuge verfügt. Die Angreifer seien den sowjetischen Truppen somit an Mannschaften um das 1,8fache, an Panzern um das 1,5fache, an Geschützen und Granatwerfern um das 1,25fache und an Flugzeugen um das 3,2fache überlegen gewesen.

Es erscheint angebracht, diesen offensichtlich verschleiernden Angaben noch einmal die tatsächlichen Stärkeverhältnisse gegenüberzustellen. Die für den Angriff bereitgestellten Kräfte der deutschen Wehrmacht und der Verbündeten hatten eine Stärke von rund 3 600 000 Mann (3 050 000 Deutsche, 600 000 Rumänen, Finnen, Ungarn). Die deutschen Angreifer verfügten über 3648 Panzer und Sturmgeschütze, 7146 Geschütze und 2510 Kriegsflugzeuge der fliegenden Frontverbände unter Luftwaffenkommando, die Verbündeten über keine nennenswerten Panzerkräfte, eine mäßige Artillerie und zusammengenommen über rund 900 Flugzeuge, meist solche zweiter Güte. Ihnen standen in den westlichen Grenzmilitärbezirken 2 900 000 Sowjetsoldaten gegenüber, die mit 14 000—15 000 Panzern, mindestens 34 695 Geschützen und 8000—9000 Kampfflugzeugen ausgestattet waren. Dieses Zahlenverhältnis verschiebt sich weiter zugunsten der Truppen der Roten Armee, wenn man in Rechnung stellt, daß es sich bei 1700 der deutschen Panzer um solche der völlig überholten und allen sowjetischen Modellen unterlegenen Typen I und II sowie um tschechische Kampfwagen handelte. Nur 1880 deutsche Panzer der operativen Hauptstoßkräfte waren überhaupt im Stande, es selbst mit der Masse der »älteren«, in den westlichen Grenzmilitärbezirken stationierten 14 000—15 000 Sowjetpanzern wirklich aufzunehmen.

Das Übergewicht der Streitkräfte der Sowjetunion an Panzern, Artillerie und Flugzeugen
über die jetzt in einem Zweifrontenkrieg befind-
liche Wehrmacht erscheint im Gegensatz zu den
Behauptungen Chruščevs und der meisten So-
wjetautoren geradezu überwältigend, wenn man
die Gesamtzahl der vorhandenen Waffen und
Kriegsmittel berücksichtigt. Den Produktions-
statistiken zufolge verfügte die Rote Armee bei
Beginn des deutsch-sowjetischen Krieges über
nicht weniger als 24000 Panzer (darunger 1862
T34 und KV), über 148000 Geschütze aller Gat-
tungen und Granatwerfer über 5 cm sowie über
23245 allein seit 1938 hergestellte Kriegsflugzeuge, darunter 3719 Flugzeuge neuester Bauart.
Obwohl der Produktionsprozeß durch die Re-
pressionen Stalins verlangsamt worden war,
zeigte sich doch die Leistungsfähigkeit der sowjetischen Rüstungsindustrie darin, daß der
Waffenausstoß im Kriegsjahr 1941 ungeachtet
der ungeheuren Einbußen an industrieller Kapa-
zität durch den deutschen Raumgewinn mehr als
das Dreifache des Friedensjahres 1940 betrug.
Die »Massenproduktion« modernster Panzer
und Flugzeuge war zu dieser Zeit aber erst ange-
laufen, und es war ein sprunghaftes Anwachsen
der Produktionszahlen vorgesehen. Die sowjetische Industrie hatte einen Stand erreicht, und
es waren alle Voraussetzungen geschaffen, um
der Roten Armee in kürzester Zeit eine »geradezu unvorstellbare Rüstung« zu verschaf-
fen.«

Diese Zahlen stützen die These, daß der Angriff der deutschen Wehrmacht am 22. Juni 1941 ein Präventiv-Krieg war. Von Bedeutung sind in diesem Zusammenhang auch die Aussagen, die Generaloberst Alfred Jodl, Chef des Wehrmacht-Führungsstabes im OKW, im Prozeß vor dem IMT in Nürnberg auf Fragen seines Verteidigers, Prof. Dr. Exner, am 5. Juni 1946 gemacht hat:

Prof. Dr. Exner: Nun kommen wir zur Frage der Sowjetunion. Wieviele Truppen hatten wir im Osten während des Westfeldzuges?

Jodl: Zuerst waren es zehn Divisionen, und die wurden im Laufe des Westfeldzuges noch auf sechs bis fünf Divisionen vermindert.

Prof. Dr. Exner: Was veranlaßte uns, nach dem Westfeldzug Truppen nach dem Osten zu verschieben?

Jodl: Die Meldung des Oberbefehlshabers im Osten, daß er mit diesen schwachen Kräften weder Polen in Ruhe halten könne, noch die Demarkationslinie überwachen.

Prof. Dr. Exner: In Ihrem Tagebuch, dem sogenannten Tagebuch, 1809-PS, erster Band meines Dokumentenbuches, Seite 83, schreiben Sie am 24. Mai: »Lage im Osten wird durch russischen Aufmarsch gegen Bessarabien bedrohlich«. Das ist am 24. Mai 1940, das schreiben Sie in Ihr Tagebuch. Wie kamen Sie dazu?

Jodl: Anlaß war eine Meldung von Canaris, der über den Aufmarsch von 30 russischen Divisionen gegen Bessarabien berichtet. Ob nun der Zusatz über die Besorgnis von mir stammt, oder ob es ein Gedanke des Führers war, den ich da niedergeschrieben habe, kann ich heute nicht mehr sagen.

Prof. Dr. Exner: Nun, am 6. September 1940 haben Sie einen Befehl unterschrieben, daß diese Umgruppierung nicht den Eindruck offensiver Absichten machen soll. Wie ist denn das zu verstehen?

Jodl: Dieser von mir unterschriebene Befehl ist aufgefaßt worden als die erste Verschleierung des bevorstehenden Angriffes auf Rußland.

Prof. Dr. Exner: Einen Moment. Ich will das Gericht verweisen auf den Befehl, um den es sich dreht. Es ist Seite 78 des ersten Bandes, und zwar handelt es sich um 1229-PS, US-130. Es ist ein Befehl von Jodl unterzeichnet, an Ausland/Abwehr, und da heißt es nun:

> »Der Ostraum wird in den kommenden Wochen stärker belegt werden. Bis Ende Oktober soll der aus anliegender Karte ersichtliche Stand erreicht sein.«

Und jetzt, Hohes Gericht, zu meinem Bedauern muß ich wieder auf einen Mangel in der englischen und französischen Übersetzung aufmerksam machen; es fehlt nämlich der nächste Absatz, und der ist sehr wichtig zum Verständnis des ganzen Dokuments. Es heißt nämlich:

> »Für die Arbeit des eigenen Nachrichtendienstes, sowie für die Beantwortung von Fragen des russischen Nachrichtendienstes ...«

Vorsitzender: Es scheint nicht in unserem Dokument zu sein. Welchen Absatz lesen Sie jetzt?

Prof. Dr. Exner: Es ist der zweite Absatz in meinem Dokumentenbuch, Seite 78.

Vorsitzender: Das ist nicht übersetzt.

Prof. Dr. Exner: Ja eben, das habe ich gesagt, das ist ja der Fehler, darum diktiere ich es jetzt oder lese es langsam.

122

Vorsitzender: Sie wollen, daß es übersetzt werden soll?

Prof. Dr. Exner: Ja.

Vorsitzender: Absatz 2 ist überhaupt nicht übersetzt. Es steht nichts hier.

Prof. Dr. Exner: Diese drei Zeilen sind überhaupt nicht übersetzt, sind aber sehr wichtig.

Vorsitzender: Dann lesen Sie es über den Lautsprecher, diese Stelle.

Mr. Roberts: Herr Vorsitzender! Im britischen Dokumentenbuch Nummer 7, Seite 102, ist das ganze Dokument enthalten.

Vorsitzender: Danke vielmals. Fahren Sie fort.

Prof. Dr. Exner: »Für die Arbeit des eigenen Nachrichtendienstes, sowie für die Beantwortung von Fragen des russischen Nachrichtendienstes, gelten folgende Richtlinien ...«

und nun erklären Sie die Sache weiter.

Jodl: Solche Anweisungen wie diese hier an das Amt Canaris, habe ich alle sechs Wochen gegeben. Es waren die Grundlagen für die Arbeit der sogenannten Gegenspionage, die ich hier nicht näher erörtern will. In diesem Falle kam es mir darauf an, daß die schwachen Kräfte, die wir um diese Zeit im Osten hatten, daß diese tatsächlich stärker erscheinen sollten. Das geht aus der Ziffer 3 zum Beispiel hervor, in der es heißt, ich zitiere:

»Bei Angaben über die Ausrüstungslager der Verbände, besonders der Panzerdivisionen, ist erforderlichenfalls zu übertreiben.«

In der nächsten Ziffer weise ich auch darauf hin, daß der Flakschutz zu übertreiben ist. Das alles ist geschehen, weil zu dieser Zeit ja schon eine Sorge bestanden hat, daß eventuell eine russische Aktion gegen Rumänien sich entwickeln könnte. Davor abzuschrecken, war der Zweck dieser Anweisung, die nur für den Nachrichtendienst bestimmt war. Hätte ich am 6. September schon von irgendeiner Angriffsabsicht gegen Rußland etwas gewußt, dann hätte ich ja genau das Umgekehrte gesagt; denn mit diesem Befehl, wie ich ihn ausgegeben habe, da hätte ich mich ja im Sinne des Freundeskreises Gisevius betätigt, nämlich die Russen darauf hingewiesen, daß wir da zum Aufmarsch ansetzen.

Prof. Dr. Exner: Nun, wann hörten Sie denn zum erstenmal von der Sorge des Führers, daß Rußland sich feindlich zu uns stellen könnte?

Jodl: Zum erstenmal am 29. Juli 1940 auf dem Berghof bei Berchtesgaden.

Prof. Dr. Exner: In welchem Zusammenhang?

Jodl: Der Führer behielt mich nach der Lagebesprechung allein zurück und sagte mir überraschend, er hätte Sorge, daß Rußland noch vor dem Winter in Rumänien weitere Besetzungen vornehmen könnte und uns damit das rumänische Ölgebiet, das die »conditio sine qua non« für unsere Kriegsführung war, wegnehmen würde. Er frug mich, ob wir nicht sofort einen Aufmarsch führen könnten, um noch im Herbst bereit zu sein, einer solchen russischen Absicht mit starken Kräften entgegentreten zu können. Das ist nahezu der Wortlaut, mit dem er sich geäußert hat, und alle anderen Darstellungen sind falsch.

Prof. Dr. Exner: Sie erwähnten soeben Hitlers Sorge um die Besitzergreifung der rumänischen Ölfelder. Hat der Führer auf Grund dieser Sorge etwas veranlaßt?

124

Jodl: Auf Grund dieses Gespräches eben hier, bei dem ich ihm erwiderte, es sei ganz unmöglich, jetzt einen Aufmarsch aufzufahren, der dauerte vier Monate, da befahl der Führer, daß diese Aufmarschverhältnisse gebessert werden müssen; und es ergingen nun zwei Befehle in der nächsten Zeit. Der eine ist, glaube ich, vom 9. August, er nannte sich »Aufbau Ost« und enthielt alle Maßnahmen, die notwendig waren, die Aufmarschverhältnisse im Ostraum zu verbessern. Der zweite Befehl erging am 27. August. Er liegt uns nicht vor, aber er ist dokumentarisch festgehalten in dem Kriegstagebuch der Skl.

Prof. Dr. Exner: Ja, das ist Seite 85 des ersten Bandes meines Dokumentenbuches. Da ist ganz am Ende der Seite eine Eintragung im Tagebuch der Seekriegsleitung:

> »Verschiebung von 10 Divisionen und 2 Panzerdivisionen in das Generalgouvernement für eventuell notwendiges schnelles Eingreifen zum Schutz des rumänischen Ölgebietes.«

Das ist also ein Auszug aus C-170, US-136.

Vorsitzender: Sie lesen anscheinend von Seite 85?

Prof. Dr. Exner: Ja, von Seite 85. Bei mir ist es auf Seite 85 im Deutschen, vielleicht stimmt es im Englischen nicht ganz mit der Seite überein? Es ist die Eintragung »Verschiebung von 10 Divisionen und 2 Panzerdivisionen in das Generalgouvernement.«

Vorsitzender: Ja, ich sehe schon.

Jodl: Dieser Eintrag ist ein Beweis, welche Absicht damals der Führer mit dieser Verstärkung im Osten verfolgte.

Prof. Dr. Exner: Nun, wann wurde der Befehl des Führers erteilt, den Angriff vorzubereiten?

Jodl: Der erste Befehl, Angriffsüberlegungen oder Überlegungen für eine Angriffsoperation überhaupt anzustellen, ist schriftlich vom Wehrmachtführungsstab aus am 12. November dem Führer vorgelegt worden. Es ist das das Dokument 444-PS.

Prof. Dr. Exner: Es ist auf Seite 66 des ersten Bandes meines Dokumentenbuches.

Jodl: ... und ist dem Gericht schon bekannt. Aber diesem ersten Befehl, der mir bekannt ist, müssen unbedingt mündliche Anweisungen des Führers an den Oberbefehlshaber des Heeres vorausgegangen sein.

Prof. Dr. Exner: Das ist aus dem Dokument selbst zu entnehmen, nämlich auf Seite 67 heißt es:

»Gleichgültig, welches Ergebnis diese Besprechungen haben werden, sind alle schon mündlich befohlenen Vorbereitungen für den Osten fortzuführen«,

ein Zeichen also, daß bereits mündliche Befehle und Vorbereitungen vorausgingen.

Jodl: Ich bin aber nicht in der Lage zu sagen, wann diese mündlichen Anweisungen an das Heer gegeben worden sind.

Prof. Dr. Exner: Sagen Sie, war bei diesen Ausführungen Hitlers Ihnen gegenüber je von Dingen die Rede wie Erweiterung des Lebensraums und der Ernährungsbasis als Grund für einen Eroberungskrieg und so weiter?

Jodl: Der Führer hat in meiner Gegenwart niemals auch nur eine Andeutung von einem anderen Grunde genannt als den rein strategisch-operativen. Unaufhörlich, durch Monate hindurch, kann man sagen, führte er aus: »Es ist kein Zweifel mehr, England hofft auf diesen letzten Festlandsdegen, sonst hätte es schon nach Dünkirchen den Krieg eingestellt. Unter der Hand oder unter der Decke sind sicher schon Vereinbarungen getroffen. Der russische Aufmarsch ist ja unverkennbar. Eines Tages werden wir plötzlich entweder eiskalt politisch erpreßt oder angegriffen.« Aber – darüber könnte man noch wochenlang sprechen – es ist kein anderes Wort mir gegenüber gefallen als derartige rein strategische Gründe.

Prof. Dr. Exner: Wie hatte sich nach den Meldungen, die Sie bekamen, die militärische Lage seit dem Polenfeldzug im Osten entwickelt?

Jodl: Als wir zum erstenmal mit den Russen in Fühlung kamen, im Polenfeldzug, war das Verhältnis ein ziemlich frostiges. Jeder Einblick in die Truppe oder in die Ausrüstung wurde sorgfältig verwehrt. Es kam dann laufend zu unangenehmen Zwischenfällen am San. Die Russen schossen auf alles, auf flüchtige Polen oder auf deutsche Soldaten; es gab Verwundete und Tote, und es wurde die Demarkationslinie in zahlreichen Fällen überflogen. Die ungewöhnlich starken Kräfte, mit denen Rußland die Besetzung der baltischen Staaten, von Polen und von Bessarabien durchführte, die fielen uns vom ersten Augenblick an auf.

Prof. Dr. Exner: Enthielten die Meldungen, die Sie bekamen, Angaben über militärische Verstärkungen der Roten Armee?

Jodl: Durch die Karten, die alle paar Tage vorgelegt wurden und die ja auf den Meldungen der Abwehr, auch der Horcherabteilung basierten, da formte sich folgendes Bild: Im Sommer 1940 waren etwa 100 russische Divisionen entlang der Grenze; im Januar 1941 waren es bereits 150 Divisionen, und die waren mit Nummern angegeben; also waren es zuverlässige Mel-

127

dungen. Zum Vergleich dieser Stärke darf ich anfügen, daß die englisch-amerikanisch-französischen Kräfte, die von Frankreich aus gegen Deutschland operierten, nach meiner Kenntnis niemals 100 Divisionen stark waren.

Prof. Dr. Exner: Hat Hitler versucht, die politische Situation diplomatisch zu klären?

Jodl: Er versuchte das durch die bekannte Besprechung mit Molotow, und ich muß sagen, daß ich auf diese Besprechung große Hoffnungen setzte; denn die militärische Lage für uns Soldaten war doch so: mit einem sicher neutralen Rußland im Rücken, das uns noch dazu belieferte, konnten wir den Krieg überhaupt nicht mehr verlieren. Eine Invasion wie am 6. Juni 1944 war völlig ausgeschlossen, wenn wir alle die Kräfte zur Verfügung gehabt hätten, die wir in diesem gewaltigen Kampf in Rußland verbrauchten und verloren. Daß ohne Not ein Staatsmann und letzten Endes war er auch ein Feldherr, eine solche Lage preisgibt, das muß ich sagen, ist mir keinen Augenblick in den Sinn gekommen. Und es ist eine Tatsache, daß er auch monatelang innerlich auf das schwerste mit diesem Entschluß gerungen hat, sicherlich beeinflußt durch die vielen Gegenvorstellungen, die sowohl der Reichsmarschall wie der Oberbefehlshaber der Kriegsmarine als auch der Außenminister erhoben haben.

Prof. Dr. Exner: Wie stellte sich auf Grund der Meldungen, die Sie bekamen, die weitere militärische Lage dar auf beiden Seiten?

Jodl: Vom Januar 1941 an ist der Nachrichtendienst aktiviert worden. Die Divisionen an unseren Grenzen und auch an den rumänischen Grenzen wuchsen rapide an. Am 3. Februar 1941 hat der Chef des Generalstabs des Heeres dem Führer über die eigenen beabsichtigten Operationen vorgetragen. Er legte dabei eine Karte vor über den russischen Aufmarsch. Damals waren in dieser Karte eingezeichnet – und es liegt dokumentarisch fest – 100 Schützendivisionen, 25 Kavalleriedivisionen ...

Vorsitzender: Dr. Exner! Brauchen wir alle diese strategischen Einzelheiten der Pläne, die der deutsche Generalstab entworfen hat?

Prof. Dr. Exner: Es ist von ganz großer Bedeutung festzustellen, vor welchem Bild der Generalstab damals gestanden hat. Wenn nicht ein übermächtiger Aufmarsch der russischen Truppen ...

Vorsitzender: Aber darüber spricht er ja gar nicht. Er sagt uns, daß das OKW im Februar 1941 Pläne entworfen hatte, um den Aufmarsch deutscher Truppen zu zeigen.

Prof. Dr. Exner: Das ist der Plan, der entwickelt worden ist vom ...

Vorsitzender: Es ist unnötig, auf solche Einzelheiten einzugehen, zum Beispiel wie viele Kavallerieregimenter sie dort hatten.

Prof. Dr. Exner: (zum Zeugen gewandt): Ja bitte, sagen Sie ganz allgemein nach der Meldung vom Februar 1941, wie Halder Ihnen das Bild entwickelte. Nur eine Zahl: Wie viele Divisionen sind aufmarschiert?

Jodl: Ich habe schon gesagt: Es waren im Februar 150 Divisionen gegen uns aufmarschiert.

Vorsitzender: Das hat er doch schon gesagt.

Prof. Dr. Exner: Und wie viele waren auf unserer Seite?

Jodl: ... und ich möchte demgegenüber sagen, daß zu

diesem selben Zeitpunkt unser Aufmarsch soeben begonnen hatte, was General Halder in diesem Augenblick vortrug. Und ich möchte ferner darauf hinweisen, daß aus dem Dokument C-39, US-138 – das ist Seite 92 des ersten Dokumentenbuches – daß aus diesem Dokument hervorgeht – es ist die Zeittafel für den Aufmarsch –, daß erst ab 1. Juni die wirklichen Angriffsverbände, nämlich die vierzehn Panzerdivisionen und die zwölf motorisierten Infanteriedivisionen, antransportiert worden sind, und zwar, wie aus der Bemerkung in der äußersten Spalte rechts hervorgeht, sogar erst ab 10. Juni antransportiert worden sind. Ich erwähne das deswegen, damit man nicht sagt; ja, die deutsche Angriffsabsicht, die war ja schon im Februar 1941 erkennbar. Das war sie nicht.

Prof. Dr. Exner: Von der Anklagebehörde wurde besonders betont, daß lange vorher schon dieser Plan zum Überfall auf Sowjetrußland gefaßt worden ist. Können Sie dazu vielleicht noch einen Punkt sagen?

Jodl: Ich will da mit einem Satz darauf hinweisen: Wir hatten für diesen Aufmarsch 10000 Züge zu fahren. Und wenn man am Tage 100 hätte fahren können, dann hätte das allein 100 Tage gedauert. Aber diese Zahl haben wir nie erreicht. Also rein technisch hat dieser Aufmarsch schon vier Monate gedauert, rein technisch.

Prof. Dr. Exner: Hatten die jugoslawischen Ereignisse Einfluß auf die Entschlüsse des Führers?

Jodl: Sie gaben den letzten Ausschlag. Bis dahin waren immer noch Zweifel beim Führer vorhanden. Am 1. April und nicht früher, am 1. April stand sein Entschluß fest, den Angriff zu führen, und am 1. April hat er befohlen, ihn etwa für den 22. Juni vorzusehen. Der

Angriffsbefehl selbst, also die wirkliche Auslösung des Feldzuges, die wurde erst am 17. Juni befohlen, was ebenfalls dokumentarisch festliegt.

Prof. Dr. Exner: Der Führer hat also nach Ihrer Ansicht einen Präventivkrieg geführt. Haben die späteren Erkenntnisse diese militärische Notwendigkeit erwiesen?

Jodl: Es war zweifellos ein reiner Präventivkrieg. Das, was wir nachträglich noch feststellten, war aber jedenfalls die Gewißheit einer ungeheuren militärischen russischen Vorbereitung gegenüber unseren Grenzen. Ich will auf Einzelheiten verzichten, aber ich kann nur sagen, es ist uns zwar die taktische Überraschung nach Tag und Stunde gelungen, die strategische Überraschung nicht. Rußland war in vollem Maße kriegsbereit.

Prof. Dr. Exner: Als Beispiel: Können Sie vielleicht dem Gericht noch nennen die Zahl der neuen Flugplätze, welche im russisch-polnischen Gebiet gefunden worden sind?

Jodl: Ich habe ungefähr in Erinnerung, daß die vorhandenen Flugplätze in Ostpolen etwa zwanzig waren und inzwischen auf über hundert vermehrt worden sind.

Prof. Dr. Exner: Was wären nun unter solchen Umständen die Folgen eines russischen Zuvorkommens gewesen? Nur ganz kurz.

Jodl: Ich will nicht auf die strategischen Grundsätze der Operationen auf der inneren Linie eingehen, sondern nur ganz kurz sagen: Wir waren niemals stark genug, um uns im Osten verteidigen zu können; das haben die Ereignisse seit dem Jahre 1942 bewiesen. Das mag grotesk klingen; aber, um diese Front von über

2000 Kilometer überhaupt zu besetzen, brauchte man mindestens 300 Divisionen, und die haben wir nie gehabt. Wenn wir gewartet hätten, bis wir vielleicht gleichzeitig durch die Invasion und durch einen russischen Angriff in die Zange genommen worden wären, so wären wir mit Sicherheit verloren gewesen. Wenn also die politische Prämisse richtig war, nämlich daß uns dieser Angriff drohte, dann war auch – militärisch betrachtet – der Präventivangriff berechtigt. Uns Soldaten war die politische Lage so dargestellt worden. Infolgedessen haben wir auch unsere militärischen Arbeiten darauf abgestellt.

Soweit die Aussagen des Generalobersten Jodl vor dem IMT.

Die Unterredungen Molotows mit Hitler und dem Reichsaußenminister, die Generaloberst Jodl in seiner Aussage vor dem IMT erwähnt hat, fanden am 12. und 13. November 1940 in Berlin statt. Die Aufzeichnungen über diese Unterredungen sind in der von mir herausgegebenen und bereits erwähnten Dokumentation »Die Beziehungen zwischen Deutschland und der Sowjetunion 1939–1941« (1949, H. Laupp'sche Buchhandlung, jetzt J.C.B. Mohr (Paul Siebeck) in Tübingen) auf den Seiten 245 ff. abgedruckt.

Zu Finnland führte Molotow aus, nachdem Hitler darauf hingewiesen hatte, daß das Reich wegen der Gefahr einer Intervention durch Schweden und möglicherweise sogar durch Großbritannien und die USA in der Ostsee unter keinen Umständen einen neuen Krieg um Finnland wünsche, »daß es die Sowjet-Regierung für ihre Pflicht halte, die finnische Frage endgültig zu bereinigen und klarzustellen. Dazu bedürfe es keiner neuen Abmachungen. Das alte deutsch-russische Abkommen teile Finnland der russischen Interessensphäre zu.« (A. Seidl, a.a.O. S. 269).

In der Aufzeichnung über die abschließende Unterredung zwischen dem Reichsaußenminister von Ribbentrop und dem Vorsitzenden des Rats der Volkskommissare der UdSSR und Volkskommissar für Auswärtige Angelegenheiten, W. M. Molotow, in Berlin am 13. November 1940 heißt es unter anderem:

Anschließend hieran führte der Herr Reichsaußenminister Nachstehendes aus:
»Die Deutsche Regierung würde es begrüßen, wenn die Sowjetunion sich zu einer solchen Zusammenarbeit mit Italien, Japan und Deutschland bereitfinden würde. Diese Frage solle in nächster Zeit durch den Deutschen Botschafter in Moskau, Grafen von der Schulenburg, und den Sowjetbotschafter in Berlin geklärt werden. In Übereinstimmung mit der Feststellung, die in dem Brief des Herrn Stalin enthalten sei, wonach er einer grundsätzlichen Prüfung der Frage nicht abgeneigt sei, was von Herrn Molotow während seines Aufenthaltes in Berlin bestätigt worden wäre, könne als Endziel eine Zusammenkunft der Außenminister Deutschlands, Italiens und Japans zum Zweck der Unterzeichnung einer solchen Vereinbarung ins Auge gefaßt werden. Er – der Reichsaußenminister – sei sich selbstverständlich darüber im Klaren, daß solche Fragen einer sorgfältigen Prüfung bedürfen; er erwarte daher heute von Herrn Molotow keine Antwort, freue sich aber, Gelegenheit ge-

habt zu haben, Herrn Molotow die Gedanken, die die deutsche Seite in der letzten Zeit bewegt hätten, in dieser etwas konkreteren Form mitteilen zu können. Darüber hinaus wolle er Herrn Molotow noch Folgendes sagen:

Wie Herr Molotow wisse, habe er – der Reichsaußenminister – stets ein besonderes Interesse für die Beziehungen zwischen Japan und der Sowjetunion bekundet. Er wäre dankbar, wenn Herr Molotow sagen könne, wie es um diese Beziehungen gegenwärtig bestellt sei. Soweit die Deutsche Regierung unterrichtet wäre, lege Japan Wert auf den Abschluß eines Nichtangriffsvertrages. Es läge ihm fern, sich in Angelegenheiten einzumischen, die ihn direkt nichts angingen, jedoch glaube er, daß es nützlich wäre, wenn auch diese Frage zwischen ihm und Molotow erörtert werden würde. Sollte ein vermittelnder Einfluß von deutscher Seite erwünscht sein, so wäre er hierzu gern bereit. Zwar habe er die Bemerkung des Herrn Stalin noch genau in Erinnerung, als Herr Stalin sagte, er kenne die Asiaten besser als Herr von Ribbentrop. Trotzdem wolle er nicht unerwähnt lassen, daß ihm die Bereitwilligkeit der Japanischen Regierung zu einer großzügigen Verständigung mit der Sowjetunion bekannt sei. Er habe auch den Eindruck, daß, wenn der Nichtangriffspakt zustande käme, die Japaner bereit wären, alle anderen Fragen in großzügiger Weise zu regeln. Er wolle ausdrücklich betonen, daß Japan die Deutsche Regierung nicht um eine Vermittlung gebeten hätte. Er – der Reichsaußenminister – sei jedoch informiert, wie die Sachen ständen und wisse, daß auf japanischer Seite die Bereitwilligkeit bestände, im Falle des Abschlusses eines Nichtangriffspaktes die russischen Einflußsphären in der Äußeren Mongolei und in Sinkiang unter der Voraussetzung einer Verständigung mit China anzuerkennen. Auch über etwaige sowjetische Aspirationen in Richtung auf Britisch-Indien ließe sich eine Einigung erzielen, falls eine Verständigung zwischen der Sowjetunion und dem Dreimächtepakt zustande kommen würde. Die Japanische Regierung sei gewillt, den sowjetischen Wünschen in Bezug auf die Naphta- und Kohlenkonzessionen auf Sachalin entgegenzukommen, müsse jedoch vorher innere Widerstände überwinden. Dies würde der japanischen Regierung leichter sein, wenn vorher ein Nichtangriffspakt mit der Sowjetunion abgeschlossen werden würde. Danach würde sich zweifellos die Möglichkeit einer Verständigung auch über alle anderen Punkte eröffnen.

Der Herr Reichsaußenminister schloß mit der Bitte an Herrn Molotow, ihm seine Ansicht zu den von ihm vorgebrachten Fragen mitzuteilen.

Herr Molotow erwiderte, daß er bezüglich Japans die Hoffnung und Überzeugung habe, daß man nunmehr auf dem Wege der Verständigung schneller vorwärts kommen würde, als dies bisher der Fall gewesen wäre. Das Verhältnis zu Japan sei stets reich gewesen an Schwierigkeiten und Rückschlägen. Nichtsdestoweniger schienen jetzt Aussichten für eine Verständigung vorhanden zu sein. Die Japanische Regierung habe

der Sowjetregierung den Abschluß eines Nichtangriffspaktes – und zwar noch vor dem Regie-
rungswechsel in Japan – vorgeschlagen, wobei
die Sowjetregierung eine Anzahl von Fragen an
die Japanische Regierung gestellt habe. Die
Antwort auf diese Fragen stände gegenwärtig
noch aus. Erst wenn sie eingegangen sei, könnten Verhandlungen aufgenommen werden, die
von dem ganzen übrigen Fragenkomplex nicht
getrennt werden könnten. Infolgedessen würde
die Lösung des Problems einige Zeit erfordern.
Was die Türkei betreffe, so gehe die Sowjetunion davon aus, daß man sich in der Meerengen-
frage in erster Linie mit der Türkei verständigen
müsse. Deutschland und die Sowjetunion seien
sich gemeinsam darüber im Klaren, daß das Statut von Montreux nichts tauge. Für die Sowjetunion, als die wichtigste Schwarzmeermacht,
komme es darauf an, reale Garantien für ihre Sicherheit zu bekommen. Rußland sei im Verlaufe
seiner Geschichte oft durch die Meerengen angegriffen worden. Der Sowjetunion genügten
daher papierene Abmachungen nicht, sondern
sie müsse auf tatsächlichen Garantien für ihre Sicherheit bestehen. Infolgedessen müsse diese
Frage konkreter geprüft und beraten werden.
Die Fragen, die die Sowjetunion im Nahen
Osten interessierten, beträfen nicht nur die Türkei, sondern z. B. Bulgarien, worüber er – Molotow – in seiner vorhergegangenen Unterredung mit dem Führer ausführlich gesprochen habe. Aber auch das Schicksal Rumäniens und Ungarns interessiere die Sowjetunion und könne

ihr keinesfalls gleichgültig sein. Des Weiteren würde es die Sowjetregierung interessieren, zu erfahren, was die Achse über Jugoslawien, Griechenland denke, desgl. was Deutschland mit Polen beabsichtige. Er erinnere daran, daß über die künftige Gestaltung Polens ein Protokoll zwischen der Sowjetunion und Deutschland bestehe, über dessen Verwirklichung ein Meinungsaustausch erforderlich sei. Er frage, ob nach deutscher Auffassung dieses Protokoll noch in Kraft sei. Auch an der Frage der schwedischen Neutralität sei die Sowjetregierung interessiert und er wolle wissen, ob die Deutsche Regierung nach wie vor auf dem Standpunkt stehe, daß die Aufrechterhaltung der schwedischen Neutralität im Interesse der Sowjetunion und Deutschlands liege. Es existiere außerdem die Frage bezüglich der Durchfahrten aus der Ostsee (Großer Belt, Kleiner Belt, Sund, Kattegat, Skagerrak). Die Sowjetregierung glaube, daß über diese Frage ähnliche Besprechungen gepflogen werden müßten, wie sie zur Zeit über die Donaukommissionen geführt würden. Was die finnische Frage betreffe, so sei sie in seinen vorhergegangenen Unterredungen mit dem Führer ausreichend klargestellt worden. Er wäre dankbar, wenn sich der Herr Reichsaußenminister zu den vorstehenden Fragen äußern würde, weil dies die Klärung auch all der anderen Fragen fördern würde, die Herr von Ribbentrop vorher aufgeworfen hätte.

In seiner Antwort führte der Herr Reichsaußenminister aus, daß er zu der bulgarischen Frage nichts anderes sagen könne, als was der Führer bereits Herrn Molotow erklärt habe; es müsse vorerst festgestellt werden, ob Bulgarien eine Garantie seitens der Sowjetunion überhaupt wünsche und daß im übrigen ohne eine vorherige Verständigung mit Italien die Deutsche Regierung zu dieser Frage keine Stellung nehmen könne. In allen übrigen Fragen fühle er sich von Herrn Molotow »überfragt«. Was die Aufrechterhaltung der Neutralität Schwedens betreffe, so seien wir daran ebenso interessiert wie die Sowjetunion. Was die Ausgänge aus der Ostsee anlange, so sei die Ostsee gegenwärtig ein Binnenmeer, auf dem wir an der Aufrechterhaltung des freien Schiffahrtsverkehrs interessiert seien. Außerhalb der Ostsee sei dagegen Krieg. Auch sei gegenwärtig noch nicht der Zeitpunkt gekommen, um über die Neuordnung der Dinge in Polen zu sprechen. Die Balkanfrage sei bereits in breitem Umfange in den Unterredungen erörtert worden. Wir seien im Balkan ausschließlich wirtschaftlich interessiert und wünschten nicht, daß England uns dabei störe. Die Gewährung der deutschen Garantie an Rumänien sei offensichtlich in Moskau falsch verstanden worden. Er wolle daher noch einmal wiederholen, daß es sich seinerzeit darum gehandelt hätte, durch eine schnelle Aktion einem Zusammenstoß zwischen Ungarn und Rumänien vorzubeugen. Hätte er – der Reichsaußenminister – damals nicht eingegriffen, so wäre Ungarn gegen Rumänien marschiert. Andererseits hätte man Rumänien nicht zu den großen Gebietsabtretungen bewegen können, wenn man der Rumänischen Regierung zur Rückenstärkung nicht die territoriale Garantie gewährt hätte. Die Deutsche Regierung sei bei all ihren Entschlüssen lediglich von dem Bestreben ausgegangen, den Frieden auf dem Balkan aufrecht zu erhalten und zu vermeiden, daß England sich dort festsetze und die Zufuhren nach Deutschland störe. Somit sei unser Vorgehen auf dem Balkan ausschließlich durch die Umstände unseres Krieges gegen England bedingt. Sobald England seine Niederlage zugebe und um Frieden bitte, würden die deutschen Interessen auf dem Balkan ausschließlich auf das wirtschaftliche Gebiet beschränkt bleiben und die deutschen Truppen aus Rumänien zurückgenommen werden. Deutschland habe – wie der Führer bereits mehrfach erklärt habe – keine territorialen Interessen auf dem Balkan. Er könne immer nur wiederholen, daß die entscheidende Frage darin liege, ob die Sowjetunion bereit und in der Lage sei, mit uns an der großen Liquidierung des britischen Imperiums mitzuarbeiten. Über alle anderen Fragen würden wir leicht eine Verständigung erzielen, wenn es gelänge, die Beziehungen zu erweitern und die Interessensphären abzustecken. Wo die Interessensphären lägen, sei wiederholt gesagt worden. Es handle sich darum – wie der Führer dies so einleuchtend ausgeführt hätte –, daß die Interessen der Sowjetunion und Deutschlands verlangten, daß die Partner nicht Brust an Brust, sondern Rücken an Rücken zueinander ständen, um sich gegenseitig bei der Durchsetzung ihrer

Aspirationen zu unterstützen. Er wäre dankbar, wenn er hierüber von Herrn Molotow etwas hören könnte. Im Vergleich zu den großen grundsätzlichen Fragen seien alle übrigen völlig belanglos und würden sich von selbst regeln, sobald eine Verständigung im großen erfolgt sei. Zum Schluß wolle er Herrn Molotow daran erinnern, daß dieser ihm die Antwort darauf schuldig sei, ob die Sowjetunion der Idee, einen Ausgang in Richtung des Indischen Ozeans zu erlangen, grundsätzlich sympathisch gegenübersteht.«

(A. Seidl, a.a.O. S. 282 ff.)

Nach diesen Erklärungen Molotows wurden die von der Reichsregierung gemachten und auf eine globale Aufteilung der Interessensphären hinauslaufenden Vorschläge, die bereits in dem Entwurf eines Abkommens zwischen den Staaten des Dreimächtepakts Deutschland, Italien und Japan einerseits und der Sowjetunion andererseits, ferner im Entwurf eines geheimen Protokolls Nr. 1 zwischen Deutschland, Italien, Japan und der Sowjetunion und dem Entwurf eines geheimen Protokolls Nr. 2 zwischen Deutschland, Italien und der Sowjetunion (A. Seidl, a.a.O. S. 287 ff.) Gestalt angenommen hatten, in der Folgezeit nicht mehr weiterverfolgt.

Es ist davon auszugehen, daß Gegenstand der vier Stunden dauernden Unterredung zwischen Hitler und Rudolf Heß am 5. Mai 1941 in der Reichskanzlei auch diese Verhandlungen mit Molotow im November 1940 und die von diesem erhobenen Forderungen waren. Die Mitteilungen, die Hitler darüber Rudolf Heß gemacht hat, werden diesen in seinem Entschluß bestärkt haben, einen letzten Versuch zur Wiederherstellung des Friedens zu machen.

Die Literatur über die von Churchill und Roosevelt im Zweiten Weltkrieg gegenüber Deutschland verfolgten Kriegsziele ist inzwischen fast unübersehbar geworden. Es soll hier lediglich auf die Ausführungen hingewiesen werden, die F. D. Roosevelt am 3. September 1943 dem Erzbischof von New York, Kardinal Spellman, gegenüber gemacht hat (Robert I. Gannon, S. J., The Cardinal Spellman Story, erschienen 1962 bei Doubleday & Company, Inc., Garden City, New York, S. 222 ff.; deutsche Ausgabe: Robert I. Gannon, Kardinal Spellman, Osang Verlag Neuenbürg, 1963, S. 189 ff.).

Auf dem Klappentext der deutschen Ausgabe wird über Kardinal Spellman folgendes gesagt:

»Die vorliegende einzige Biographie Kardinal Spellmans, des einflußreichsten amerikanischen Kirchenfürsten und größten amerikanischen Katholiken der Jetztzeit, bietet nicht nur eine anschauliche Darstellung der Entwicklung des ehemaligen Jesuitenzöglings, späteren Kuriendiplomaten und jetzigen Kardinals und Erzbischofs von New York, sondern sie gewährt darüber hinaus eine Reihe von tiefen und überraschenden Einblicken in die vatikanisch-amerikanischen Beziehungen während der Ära Roosevelt. Aus den Tagebüchern des Kardinals und aus bisher unveröffentlichtem Archivmaterial ergeben sich besonders für den deutschen Leser neue, zeitgeschichtliche, interessante und erhellende Erkenntnisse.

Kardinal Spellman, Freund des Papstes Pius XII. und des Präsidenten F. D. Roosevelt, kennt die Gründe und Hintergründe, die zur Beteiligung Amerikas am europäischen Krieg führten, wie kaum ein anderer. Die BOSTON AMERICAN schrieb im Jahre 1943: ›Spellman ist die mächtigste, geheimnisvollste Gestalt in der Welt des gegenwärtigen Krieges‹. Kardinal Spellman, der von seinen Landsleuten als ›Reisender Roosevelts‹ ebenso wie als ›Erzengel der Atombombe‹ apostrophiert wurde, ist einer der stärksten Motoren des sich seiner Pflicht zur Führung der freien Welt bewußten Amerikanismus, in nicht geringerem Maße aber auch der furchtlose Oberhirte im Kampf um die Durchsetzung der legitimen Ansprüche seiner Kirche.«

Im Kapitel »Präsident Roosevelt« werden vom Biographen Robert I. Gannon, S. J., auf Seite 189 ff der deutschen Ausgabe dieses Buches über Kardinal Spellman aus seinem Tagebuch u. a. folgende Äußerungen des Präsidenten Roosevelt wörtlich zitiert:

»So dauerte es bis zum 2. September, ehe »sein persönlicher Vertreter« (Erzbischof Spellman) Roosevelt im Weißen Haus zum Essen mit Winston Churchill besuchen konnte und dann am Vormittag des folgenden Freitags, des 3. September, unter vier Augen eine anderthalbstündige Unterredung mit dem Präsidenten hatte. Ein Memorandum aus den Akten des Erzbischofs mit der Überschrift »Einige der wichtigsten Gesprächsgegenstände« gibt hochinteres-

sante Aufschlüsse über die Gedankengänge
Roosevelts:

Zusammenarbeit der »Großen Vier«:
Es ist ein Abkommen der Großen Vier geplant.
Danach soll die Welt in vier Einflußsphären auf-
geteilt werden: China bekommt den Fernen
Osten; die USA den Pazifik; Großbritannien
und Rußland erhalten Afrika bzw. Europa.
Aber da Großbritannien vorwiegend koloniale
Interessen hat, darf angenommen werden, daß
Rußland *Europa* beherrschen wird. Obwohl
Tschiang-Kai-schek bei den großen Entscheidungen über die Zukunft Europas zugegen sein
wird, steht fest, daß er keinen Einfluß haben
soll. Dasselbe mag, wenn auch in geringerem
Grade, für die USA gelten. Roosevelt hofft – obwohl es Wunschdenken sein mag –, daß Rußland
in Europa nicht gar zu gewaltsam eingreifen
wird.

Völkerbund:
Der vorige Völkerbund führte nicht zum Erfolg,
weil auch den kleinen Staaten das Recht zur Ein-
mischung eingeräumt war. Der künftige Bund
wird nur aus den vier Großmächten bestehen
(USA, Großbritannien, Rußland, China). Die
kleinen Staaten werden eine beratende Ver-
sammlung ohne das Recht der Abstimmung und
der Entscheidung bilden. So haben z. B. die
Griechen, Jugoslawen und Franzosen verlangt,
den Wafenstillstand mit Italien mit zu unter-
zeichnen. »Das haben wir rundheraus abge-

143

lehnt. Sie haben kein Recht, im Kreis der Großen zu sitzen. Nur die Großen wurden zugelassen, weil sie groß und stark sind und sich einfach aufdrängen.«

Rußland:
Ein Gespräch mit Stalin soll sobald wie möglich stattfinden. Präsident Roosevelt glaubt, ihm fiele es leichter, mit Stalin zu einer Verständigung zu kommen, als Churchill. Churchill sei zu idealistisch, während *er,* genau so wie Stalin, realistisch sei. Deshalb scheint eine Verständigung auf realistischer Grundlage wahrscheinlich. Roosevelt wünscht, so unwahrscheinlich es auch sein mag, von Stalin das Versprechen, die russischen Grenzen »nicht über eine gewisse Linie« hinauszuschieben. Mit Sicherheit bekommt Stalin Finnland, die baltischen Staaten, die östliche Hälfte Polens, Bessarabien. Es besteht kein Anlaß, sich diesen Wünschen Stalins zu widersetzen, weil er die Macht hat, sich diese ohne weiteres selbst zu erfüllen. Deshalb ist es besser, ihm alles freiwillig zu geben.
Es kommt hinzu, daß die Bevölkerung Ostpolens angeblich russisch werden möchte. Aber es ist keineswegs sicher, ob Stalin sich mit diesen Grenzen begnügen wird. Auf den Hinweis, Rußland habe bereits Regierungen kommunistischen Charakters für Deutschland, Österreich und andere Länder ernannt, die dort ein kommunistisches Regime errichten würden, so daß die Russen nicht einmal einzumarschieren brauchten, gab Präsident Roosevelt zu, daß dies

zu erwarten sei. Ferner fragte ich, ob die Alliierten nicht von sich aus etwas tun könnten, um diese Entwicklung zu hemmen, indem sie die guten Elemente ebenso förderten, wie die Russen die Kommunisten gefördert haben; Roosevelt erklärte, so etwas würde nicht erwogen. *Deshalb steht zu erwarten, daß kommunistische Regimes errichtet werden.* Aber was können wir dagegen tun? Vielleicht bleibt Frankreich verschont, falls es eine Volksfront-Regierung nach Art der von Léon Blum bildet. Die Volksfront könnte solche Fortschritte machen, daß die Kommunisten sie womöglich hinnehmen. Auf die eindeutige Frage, ob Österreich, Ungarn und Kroatien unter ein russisches Protektorat irgendwelcher Art geraten würden, gab Präsident Roosevelt ein klares »Ja« zur Antwort. Aber er fügte hinzu, wir dürften die hervorragenden wirtschaftlichen Leistungen Rußlands nicht übersehen. Die Finanzlage der Sowjetunion sei gesund. *Es versteht sich, daß die europäischen Länder gewaltige Verwandlungen durchmachen müssen, um sich Rußland anzupassen;* aber Roosevelt hofft, daß im Laufe von zehn oder zwanzig Jahren der europäische Einfluß die Russen weniger barbarisch machen wird.

Wie dem auch sei, fügte der Präsident hinzu, jedenfalls könnten die USA und Großbritannien nicht gegen Rußland kämpfen. Die russische Produktion sei so groß, daß man in Rußland – Lastwagen ausgenommen – auf amerikanische Hilfe verzichten könne. Er hofft, daß die Zwangsfreundschaft zwischen den Vereinigten

Staaten und der Sowjetunion sich zu einer wahren, dauernden Freundschaft entwickeln wird. Die europäischen Völker werden die russische Herrschaft einfach *ertragen müssen,* in der Hoffnung, daß sie nach zehn oder zwanzig Jahren in der Lage sein würden, mit den Russen gut zusammenzuleben. Schließlich hofft er, daß die Russen vierzig Prozent des kapitalistischen Systems übernehmen und die Kapitalisten nur sechzig Prozent ihres Systems behalten werden, so daß eine Verständigung möglich wird. Dies ist auch Litwinows Meinung.

Ungarn:
Er schätzt die Ungarn. Er möchte, daß sie zu uns übergehen. Er wäre bereit, sie als Alliierte aufzunehmen, wenn sie umschwenken.

Österreich:
Es ist kein Plan für eine österreichische Exilregierung aufgestellt oder gebilligt. Gegen ein von Rußland gesteuertes Regime in Österreich wird man keine Einwände erheben. Das einzige, was Österreich vor den Kommunisten retten könnte, wäre, daß es Otto von Habsburg gelänge, mit Hilfe Ungarns den Thron zu besteigen. Aber sogar Otto von Habsburg würde sich mit den Russen arrangieren müssen.

Kroatien:
Der Präsident widersetzt sich der Neugeburt Jugoslawiens und ist für zwei unabhängige Staaten, einen kroatischen und einen slowenischen.

Churchill dagegen ist für den »status quo ante«.

Deutschland:
Zwischen R. (Roosevelt) und Churchill ist Übereinstimmung erreicht, daß Deutschland in verschiedene Staaten aufgeteilt wird. Es wird keine Zentralregierung mehr haben, sondern unter der Oberherrschaft der Großen Vier, vor allem Rußlands, stehen. Einen Friedensvertrag wird es nicht geben, sondern einen Erlaß der Großen Vier. Vorher sollen verschiedene Leute angehört werden, aber das würde ohne Einfluß sein. Deutschland soll in die folgenden Staaten aufgeteilt werden: Bayern, Rheinland, Sachsen, Hessen, Preußen. Württemberg soll ein Teil von Bayern werden, Sachsen bekommt Teile von Preußen. Hannover soll ein unabhängiger Staat werden; Deutschland wird für vierzig Jahre entwaffnet. Keine Luftwaffe, keine Zivilluftfahrt; kein Deutscher darf fliegen lernen.

Polen:
Falls Polen wiedererrichtet wird, bekommt es Ostpreußen.

Andere Länder:
Abstimmungen sollen in den folgenden Ländern stattfinden: Frankreich, Italien, Niederlande, Belgien, Norwegen, Griechenland. In der Tschechoslowakei ist keine Volksbefragung zu erwarten.«

147

Von diesen Äußerungen F. D. Roosevelts gegenüber Kardinal Spellman führt ein gerader Weg zum Morgenthau-Plan und zu den Konferenzen in Jalta im Februar 1945 und in Potsdam im August 1945.

Beim Morgenthau-Plan handelt es sich um eine Denkschrift, die der amerikanische Finanzminister Henry Morgenthau jr. auf der Zweiten Konferenz von Quebec (11. bis 19. September 1944) vorgelegt hatte. Sie sah die Entmilitarisierung, Verkleinerung und Reduzierung Rest-Deutschlands auf den Status eines Agrarlandes vor. Über das Ruhrgebiet ist in Ziffer 3 dieser Denkschrift folgendes bestimmt:

»(Die die Ruhr umgebenden und auf der beigefügten Karte dargestellten Industriegebiete, einschließlich Rheinland, Kielkanal und alles deutsche Gebiet) nördlich des Kielkanals.

Hier befindet sich der Kern deutscher industrieller Macht, der Braukessel des Krieges. Dieses Gebiet sollte nicht nur von allen gegenwärtig dort vorhandenen Industrien entblößt, sondern auch so geschwächt und unter Kontrolle gehalten werden, daß es in absehbarer Zukunft nicht zu einem Industriegebiet werden kann. Das wird durch folgende Maßnahmen erreicht:

(a) Innerhalb eines kurzen Zeitraumes, wenn möglich von nicht länger als sechs Monaten nach Beendigung der Feindseligkeiten, sind alle durch militärische Maßnahmen nicht zerstörten Industrieanlagen und Ausrüstungen entweder

148

vollständig zu demontieren und aus dem Gebiet zu entfernen oder vollständig zu zerstören. Aus den Bergwerken ist alles Gerät zu entfernen, und die Bergwerke sind gründlich zu zerstören. Es ist vorgesehen, die Entblößung dieses Gebietes von Industrie in drei Phasen zu erreichen:

I. Sofort nach ihrem Einmarsch in das Gebiet zerstören die Streitkräfte alle Betriebe und Geräte, die nicht entfernt werden können.

II. Entfernung von Betrieben und Gerät durch Angehörige der Vereinten Nationen als Wiedergutmachung und Reparationen (Ziffer 4).

III. Alle innerhalb einer angegebenen Frist, z. B. von 6 Monaten, nicht entfernten Betriebe und Geräte werden vollständig zerstört oder verschrottet und den Vereinigten Nationen zugewiesen.

(b) Allen in diesem Gebiet befindlichen Personen sollte klargemacht werden, daß man nicht gestatten wird, daß dieses Gebiet wieder zu einem Industriegebiet wird. Infolgedessen sollten alle Personen und ihre Familien innerhalb dieses Gebietes, die besondere Kenntnisse besitzen oder eine technische Ausbildung erhalten haben, veranlaßt werden, für immer aus diesem Gebiet auszuwandern, und so weit wie möglich zerstreut werden.

(c) Das Gebiet sollte in eine internationale Zone umgewandelt werden, die von einer internationalen Sicherheitsorganisation zu verwalten ist, welche von den Vereinten Nationen aufgestellt werden muß. Bei der Verwaltung des Gebietes sollte die internationale Organisation sich von Grundsätzen leiten lassen, die darauf abzielen, die oben angegebenen Ziele zu fördern.«

Obwohl F. D. Roosevelt und W. S. Churchill ihre Billigung dieses Planes auf den Einspruch des amerikanischen Außenministers C. Hull, des amerikanischen Kriegsministers H. Stimson und des britischen Außenministers A. Eden hin noch auf der Konferenz von Quebec wieder zurückzogen, hat dieser Plan über die Direktive 1067 (Weisung der Vereinigten Stabschefs an den Oberkommandierenden der amerikanischen Besatzungsstreitkräfte in Deutschland) die amerikanische Besatzungspolitik in Deutschland mitbestimmt. Erst der Widerstand General L. D. Clays und der Bericht H. C. Hoovers über die Lage in Europa, vor allem aber der inzwischen ausgebrochene Kalte Krieg und nicht etwa moralische Bedenken brachten das Ende dieser Politik.

Auf der anderen Seite sind die Vereinbarungen auf den Konferenzen von Jalta und von Potsdam noch weit über das hinausgegangen, was F. D. Roosevelt am 3. September 1943 Kardinal Spellman gegenüber als Kriegsziel erklärt hatte. Es wurde nicht nur Ostpreußen unter die Verwaltung der Sowjetunion und Polens gestellt, sondern sämtliche deutschen Gebiete östlich der Oder und Neisse, also ungefähr ein Viertel des gesamten Reichsgebietes, der Sowjetunion und Polen zugeschlagen.

Allein bis zum Jahre 1950 wurden in Ausführung der

Beschlüsse von Jalta (Februar 1945) und Potsdam (August 1945) 11 730 000 Deutsche aus ihrer angestammten Heimat vertrieben. Die Vertreibungsverluste beliefen sich innerhalb des gleichen Zeitraumes auf 2 111 000 Tote.

Es liegt auf der Hand, daß im Rahmen eines Planes mit so weit gesteckten Kriegszielen jeder Versuch aussichtslos war, in letzter Stunde doch noch die Ausweitung des europäischen Krieges zu einem neuen Weltkrieg mit mehr als 50 Millionen Toten zu verhindern, wie ihn Rudolf Heß mit seinem Flug nach England mit dem Ziel der Einleitung von Waffenstillstandsverhandlungen am 10. Mai 1941 unternommen hat. Dieser Versuch war nach allem, was wir heute über die Kriegsziele der Siegermächte wissen, von vornherein zum Scheitern verurteilt. Im Mai 1941 hatten Großbritannien und die USA an der Wiederherstellung des Friedens kein Interesse. Ihr Kriegsziel war die Vernichtung Deutschlands – auch um den Preis eines neuen Weltkrieges und der Zerstörung unersetzlicher Kulturgüter.

Anhang

In seiner Rede vor dem Deutschen Reichstag am 11. Dezember 1941, auf die ich in meinem Schriftsatz an die vier Gewahrsamsmächte vom 7. September 1984 Bezug genommen habe, hat Adolf Hitler folgendes ausgeführt:

»Abgeordnete! Männer des Deutschen Reichstages! Ein Jahr weltgeschichtlicher Ereignisse geht zur Neige, ein Jahr größter Entscheidungen steht vor uns. In dieser ernsten Zeit spreche ich zu Ihnen, Abgeordnete des Reichstages, als den Vertretern der deutschen Nation. Allein darüber hinaus soll das ganze deutsche Volk von diesem Rückblick Kenntnis nehmen und von den Entscheidungen, die uns Gegenwart und Zukunft aufzwingen.
Nach der abermaligen Ablehnung meines Friedensangebotes im Jahre 1940 durch den derzeitigen britischen Ministerpräsidenten und der ihn tragenden und beherrschenden Clique, war es im Herbst 1940 klar, daß dieser Krieg gegen alle Gründe der Vernunft und der Notwendigkeit mit den Waffen bis zum Ende durchgekämpft werden muß. Sie kennen mich, meine alten Parteigenossen, daß ich stets ein Feind halber und schwächlicher Entschlüsse war. Wenn die Vorsehung es so gewollt hat, daß dem deutschen Volk dieser Kampf nicht erspart werden kann, dann will ich ihr dafür dankbar sein, daß sie mich mit der Führung eines historischen Ringens betraute, das für die nächsten 500 oder 1000 Jahre nicht nur unsere deutsche Ge-

schichte, sondern die Geschichte Europas, ja der ganzen Welt, entscheidend gestaltet wird.

Das deutsche Volk und seine Soldaten kämpfen heute nicht nur für sich und ihre Zeit, sondern für kommende, ja fernste Generationen. Eine geschichtliche Revision einmaligen Ausmaßes wurde uns vom Schöpfer aufgetragen, die zu vollziehen wir nunmehr verpflichtet sind. Der schon kurz nach der Beendigung des Kampfes in Norwegen mögliche Waffenstillstand im Westen zwang die deutsche Führung zu allererst, die gewonnenen politisch, strategisch und wirtschaftlich wichtigen Gebiete miliärisch zu sichern.

So haben die damals eroberten Länder seitdem ihr Widerstandsvermögen verändert. Von Kirkenes bis zur spanischen Grenze erstreckt sich ein Gürtel von Stützpunkten und Befestigungen größten Ausmaßes.

Zahllose Flugplätze wurden gebaut oder im hohen Norden zum Teil aus dem Urgestein des Granits gesprengt. Marinebasen erhielten Schutzbauten für U-Boote in einem Ausmaß und einer Stärke, daß sie sowohl von See als auch von der Luft aus praktisch unverletzbar sind. Der Verteidigung selbst dienen mehr als eineinhalb tausend neue Batterien, deren Stellungen erkundet, geplant und ausgebaut werden mußten. Ein Netz von Straßen und Eisenbahnen wurde angelegt, so daß heute die Verbindung zwischen der spanischen Grenze und Petsamo unabhängig vom Meere sichergestellt ist. Pioniere und Bau-Bataillone der Marine, des Heeres und der Luftwaffe in Verbindung mit der Organisation Todt haben hier Anlagen geschaffen, die dem Westwall in nichts nachstehen. An ihrer Verstärkung wird unentwegt weitergearbeitet. Es ist mein unbeirrbarer Entschluß, diese europäische Front für jeden Feind unangreifbar zu machen. Diese auch über den letzten Winter hin fortgesetzte Arbeit defensiver Art fand ihre Ergänzung durch eine offensive Kriegsführung, wie sie, durch die jahreszeitlichen Verhältnisse bedingt, möglich war. Deutsche Überwasser- und Unterwasser-Seestreitkräfte führten ihren stetigen Vernichtungskrieg gegen die britische und die ihr dienstbare Kriegs- und Handelsmarine weiter. Die deutsche Luftwaffe unterstützte durch Aufklärung und Angriff die Schädigung der feindlichen Tonnage und brachte in zahllosen Vergeltungsflügen dem Engländer eine bessere Vorstellung über den »reizenden Krieg« bei, dessen Urheber mit in erster Linie sein heutiger Premierminister ist.

In diesem Kampf wurde in der Mitte des vergangenen Jahres Deutschland vor allem durch seinen italienischen Bundesgenossen unterstützt. Viele Monate lastete das Gewicht eines großen Teiles der britischen Macht auf den Schultern des mit uns verbündeten italienischen Staates. Nur infolge der enormen Überlegenheit an schweren Panzern gelang es den Engländern, in Nordafrika vorübergehend eine Krise herbeizuführen.

Schon am 24. März des vergangenen Jahres aber begann eine kleine Gemeinschaft deutsch-italienischer Verbände unter der Führung Rommels zum Gegenangriff anzutreten.

Am 2. April fiel Agedabia. Am 4. wurde Benghasi erreicht. Am 8. zogen unsere gemeinsamen Verbände in Derna ein, am 11. wurde Tobruk eingeschlossen und am 12. April Bardia besetzt. Das deutsche Afrika-Korps hat um so Hervorragenderes geleistet, als den Deutschen rein klimatisch dieser Kriegsschauplatz vollkommen fremd und ungewohnt war. So wie einst in Spanien sind nunmehr in Nordafrika Deutsche und Italiener dem gleichen Feinde stets gemeinsam gegenübergetreten.

Während durch diese kühnen Maßnahmen die nordafrikanische Front unserer beiden verbündeten Länder mit dem Blute deutscher und italienischer Soldaten wieder gesichert wurde, zog sich über Europa bereits der unheildrohende Schatten einer entsetzlichen Gefahr zusammen.

Der bittersten Not gehorchend, habe ich mich im Herbst 1939 entschlossen, wenigstens den Versuch zu machen, durch das Ausschalten der akuten deutsch-russischen Spannung die Voraussetzung für einen allgemeinen Frieden zu schaffen. Dies war psychologisch schwer infolge der Gesamteinstellung des deutschen Volkes und vor allem der Partei gegenüber dem Bolschewismus, sachlich genommen aber leicht, da Deutschland in all den Gebieten, die England als von uns bedroht erklärte und mit Beistandspakten überfiel, tatsächlich immer nur wirtschaftliche Interessen gesehen und vertreten hatte. Denn ich darf Sie erinnern, Abgeordnete, Männer des Deutschen Reichstages, daß England im ganzen Früh- und Hochsommer des Jahres 1939 wieder zahlreichen Staaten und Ländern seinen Beistand anbot, mit der Behauptung, Deutschland besäße die Absicht, bei ihnen einzufallen und sie ihrer Freiheit zu berauben. Das Deutsche Reich und seine Regierung konnten mit bestem Gewissen daher versichern, daß es sich dabei nur um Unterstellungen handelte, die der Wahrheit in keiner Weise entsprachen.

Es kam dazu noch die nüchterne militärische Erkenntnis, daß im Falle eines Krieges, der durch die britische Diplomatie dem deutschen Volke aufgezwungen werden sollte, der Kampf nach zwei Fronten ohnehin nur mit sehr schweren Opfern durchführbar schien. Nachdem außerdem die Baltischen Staaten, Rumänien usw. der Annahme der britischen Beistandspakte zugeneigt waren und damit zu erkennen gaben, daß sie ebenfalls an eine solche Bedrohung glaubten, war es für die deutsche Reichsregierung nicht nur ein Recht, sondern auch eine Pflicht, ihrerseits die Grenzen der deutschen Interessen zu bestimmen.

Die betroffenen Länder mußten allerdings – auch zum Leidwesen des Deutschen Reiches selbst – in kurzer Zeit erkennen, daß der einzige Faktor, der der stärkste Garant gegenüber dem drohenden Osten sein konnte, nur Deutschland war. So wie sie durch ihre eigene Politik die Verbindungen zum Deutschen Reich durchschnitten hatten und statt dessen sich dem Beistand einer Macht anvertrauten, die in ihrem sprichwörtlichen Egoismus seit Jahrhunderten nie Beistand gab, sondern stets nur Hilfe forderte, waren sie verloren.

Dennoch erregte das Schicksal dieser Länder das stärkste Mitempfinden des deutschen Volkes. Der Winterkampf der Finnen zwang uns ein Gefühl, gemischt aus Bitternis und Bewunderung auf. Bewunderung, weil wir selbst als Soldatenvolk für das Heldentum und Aufopferung ein empfängliches Herz besitzen, Bitternis, weil wir mit dem Blick auf den drohenden Feind im Westen und die Gefahr im Osten militärisch zu helfen nicht in der Lage waren.

Sowie uns klar wurde, daß Sowjet-Rußland aus der Abgrenzung der politischen Einfluß-Sphären das

Recht ableitete, die außerhalb lebenden Nationen praktisch auszurotten, war das weitere Verhältnis nur noch ein zweckbestimmtes, dem Vernunft und Gefühle feindlich gegenüberstanden.

Von Monat zu Monat mehr wurde schon im Jahre 1940 die Erkenntnis gewonnen, daß die Pläne der Männer des Kreml auf die Beherrschung und damit Vernichtung ganz Europas hinzielen. Ich habe der Nation schon ein Bild des Aufmarsches der russischen militärischen Machtmittel im Osten gegeben zu einer Zeit, in der Deutschland nur wenige Divisionen in den an Rußland angrenzenden Provinzen besaß. Nur ein Blinder konnte es übersehen, daß sich hier ein Aufmarsch von weltgeschichtlich einmaligen Dimensionen vollzog, und zwar nicht, um etwas zu verteidigen, was nicht bedroht war, sondern nur um etwas anzugreifen, was zur Verteidigung nicht mehr fähig zu sein schien. Wenn die blitzartige Beendigung des Feldzuges im Westen den Moskauer Machthabern auch die Möglichkeit nahm, mit einer sofortigen Erschöpfung des Deutschen Reiches rechnen zu können, so beseitigte dies keineswegs ihre Absichten, sondern verschob nur den Zeitpunkt des Angriffes. Im Sommer 1941 glaubte man den günstigen Moment des Losschlagens zu sehen. Nun sollte ein neuer Mongolensturm über Europa hinwegbrausen.

Für die gleiche Zeit aber versprach Mister Churchill auch die Wende des englischen Kampfes gegen Deutschland. Er versucht heute in feiger Weise abzuleugnen, daß er in den Geheimsitzungen des Jahres 1940 im englischen Unterhaus als wesentlichsten Faktor für die erfolgreiche Fortführung und Beendigung dieses Krieges auf den sowjetischen Kriegseintritt hinwies, der spätestens im Jahre 1941 kommen sollte und der England dann in die Lage versetzen würde, auch seinerseits zum Angriff überzugehen.

Im Frühling dieses Jahres verfolgten wir deshalb in gewissenhafter Pflicht den Aufmarsch einer Weltmacht, die an Menschen und Material über unerschöpfliche Reserven zu verfügen schien. Schwere Wolken begannen sich über Europa zusammenzuziehen. Denn, meine Abgeordneten, was ist Europa? Es gibt keine geographische Definition unseres Kontinents, sondern nur eine volkliche und kulturelle. Nicht der Ural ist die Grenze dieses Kontinents, sondern jene Linie, die das Lebensbild des Westens von dem des Ostens trennt.

Es gab eine Zeit, da war Europa jenes griechische Eiland, in das nordische Stämme vorgedrungen waren, um von dort aus zum erstenmal ein Licht anzuzünden, das seitdem langsam aber stetig die Welt der Menschen zu erhellen begann. Und als diese Griechen den Einbruch der persischen Eroberer abwehrten, da verteidigten sie nicht ihre engere Heimat, die Griechenland war, sondern jenen Begriff, der heute Europa heißt. Und dann wanderte Europa von Hellas nach Rom.

Mit dem griechischen Geist und der griechischen Kultur verband sich römisches Denken und römische Staatskunst. Ein Weltreich wurde geschaffen, das auch heute noch in seiner Bedeutung und fortzeugenden Kraft nicht erreicht, geschweige denn übertroffen ist. Als aber die römischen Legionen gegenüber dem afrikanischen Ansturm Karthagos in drei schweren Kriegen Italien verteidigten und endlich den Sieg erfochten, war es wieder nicht Rom, für das sie kämpften, sondern das die griechisch-römische Welt umfassende damalige Europa.

Der nächste Einbruch gegen diesen Heimatboden der neuen menschlichen Kultur erfolgte aus den Weiten des Ostens. Ein furchtbarer Strom kulturloser Horden ergoß sich aus Innerasien bis tief in das Herz des heutigen europäischen Kontinents, brennend, sengend und mordend als wahre Geißel des Herrn.

In der Schlacht auf den Katalaunischen Feldern traten zum ersten Male in einem Schicksalskampf von unabsehbarer Bedeutung Römer und Germanen gemeinsam für eine Kultur ein, die von den Griechen ausgehend, über die Römer hinweg nunmehr die Germanen in ihren Bann gezogen hatte. Europa war gewachsen. Aus Hellas und Rom entstand das Abendland, und seine Verteidigung war nunmehr für viele Jahrhunderte nicht nur die Aufgabe der Römer, sondern vor allem die Aufgabe der Germanen. In eben dem Maße aber, in dem das Abendland, beleuchtet von griechischer Kultur, erfüllt vom Eindruck der gewaltigen Überlieferungen des römischen Reiches, durch die germanische Kolonisation seine Räume erweiterte, dehnte sich räumlich jener Begriff, den wir Europa nennen, ganz gleich, ob nun deutsche Kaiser an der Unstrut oder auf dem Lechfeld die Einbrüche aus dem Osten abwehrten, oder Afrika in langen Kämpfen aus Spanien zurückgedrängt wurde, es war immer ein Kampf des werdenden Europas gegenüber einer ihm im tiefsten Wesen fremden Umwelt. Wenn einst Rom seine unvergänglichen Verdienste an der Schöpfung und Verteidigung dieses Kontinents zukamen, dann übernahmen nunmehr auch Germanen die Verteidigung und den Schutz einer Völkerfamilie, die unter sich in der politischen Gestaltung und Zielsetzung noch so differenziert und auseinanderweichend sein mochte: im Gesamtbild aber doch eine blutsmäßig und kulturell teils gleiche, teils sich ergänzende Einheit darstellt.

Und von diesem Europa aus ging nicht nur eine Besiedelung anderer Erdteile vor sich, sondern eine geistige und kulturelle Befruchtung, deren sich nur jener bewußt wird, der gewillt ist, die Wahrheit zu suchen, statt sie zu verleugnen. Es hat deshalb auch nicht England den Kontinent kultiviert, sondern Splitter germanischen Volkstums unseres Kontinents sind als Angelsachsen und Normannen auf diese Insel gezogen und haben ihr eine Entwicklung ermöglicht, die sicher einmalig ist. Und ebenso hat nicht Amerika Europa entdeckt, sondern umgekehrt. Und all das, was Amerika nicht aus Europa bezogen hat, mag wohl einer verjudeten Mischrasse als bewunderungswürdig erscheinen. Europa aber sieht darin nur ein Zeichen des Verfalls in Kunst und kultureller Lebenshaltung, das Erbe jüdischen oder vernegerten Bluteinschlags.

Meine Abgeordneten! Männer des deutschen Reichstages!

Ich muß diese Ausführungen machen, denn der Kampf, der sich in den ersten Monaten dieses Jahres allmählich als unausbleiblich abzuzeichnen begann, und zu dessen Führung dieses Mal in erster Linie das Deutsche Reich berufen ist, geht ebenfalls über die Interessen unseres eigenen Volkes und Landes weit hinaus. Denn so wie einst die Griechen gegenüber den Karthagern nicht Rom, Römer und Germanen gegenüber den Hunnen nicht das Abendland, deutsche Kaiser gegenüber den Mongolen nicht Deutschland, spanische Helden gegenüber Afrika nicht Spanien, sondern alle Europa verteidigt haben, so kämpft Deutschland auch heute nicht für sich selbst, sondern für unseren gesamten Kontinent.

Und es ist ein glückliches Zeichen, daß diese Erkenntnis im Unterbewußtsein der meisten europäischen Völker heute so tief ist, daß sie, sei es durch offene Stellungnahme, sei es durch den Zustrom von Freiwilligen, an diesem Kampfe teilnehmen.

Als die deutschen und italienischen Armeen am 6. April dieses Jahres zum Angriff gegen Jugoslawien und Griechenland antraten, war dies die Einleitung des großen Kampfes, in dem wir uns zur Zeit noch befinden. Denn die Revolte, die in Belgrad zum Sturz des ehemaligen Prinzregenten und seiner Regierung führte, war bestimmend für den weiteren Verlauf der Geschehnisse in diesem Raum Europas. Wenn auch England an diesem Putsch maßgebendst beteiligt war, so spielte doch die Hauptrolle Sowjetrußland. – Was ich Herrn Molotow anläßlich seines Besuches in Berlin verweigert hatte, glaubte Stalin nunmehr auf dem Umweg einer revolutionären Bewegung auch gegen unseren Willen erreichen zu können. Ohne Rücksicht auf die abgeschlossenen Verträge weiteten sich die Absichten der bolschewistischen Machthaber. Der Freundschaftspakt mit dem neuen revolutionären Regime erhellte blitzartig die Nähe der drohenden Gefahr.

Was von der deutschen Wehrmacht in diesem Feldzug geleistet wurde, fand im deutschen Reichstag am 4. Mai 1941 seine Würdigung. Was auszusprechen mir damals aber leider versagt bleiben mußte, war die Erkenntnis, daß wir mit rasender Schnelligkeit der Aus-

162

einandersetzung mit einem Staat entgegengingen, der im Augenblick des Balkanfeldzuges nur deshalb noch nicht eingriff, weil sein Aufmarsch noch nicht vollendet und die Benützung der Flughäfen vor allem infolge der um diese Jahreszeit erst einsetzenden Schneeschmelze und damit der Grundlosmachung der Rollfelder unmöglich war.

Meine Abgeordneten! Männer des Reichstages!

So wie mir im Jahre 1940 durch Mitteilungen aus dem englischen Unterhaus und durch Beobachtung der russischen Truppenverschiebungen an unseren Grenzen die Möglichkeit der Entstehung einer Gefahr im Osten des Reiches bewußt wurde, erteilte ich sofort die Anweisung zur Aufstellung zahlreicher neuer Panzer-, Mot.- und Infanteriedivisionen. Die Voraussetzungen dafür waren sowohl personell wie materiell reichlich vorhanden. Wie ich Ihnen, meine Abgeordneten, und überhaupt dem ganzen deutschen Volk nur eine Versicherung geben kann: Wenn man auch in den Demokratien von Rüstung, wie leicht begreiflich, sehr viel redet, dann wird aber trotzdem im nationalsozialistischen Deutschland dafür immer noch mehr gearbeitet. Es war in der Vergangenheit so, und es ist dies auch heute nicht anders. Jedes Jahr wird uns mit vermehrten und vor allem auch besseren Waffen dort finden, wo die Entscheidungen fallen.

Trotz aller Einsicht in die Notwendigkeit, unter keinen Umständen dem Gegner die Möglichkeit zu bieten, den ersten Stoß in unser Herz tun zu können, war der Entschluß in diesem Fall doch ein sehr schwerer. Wenn die Artikelschreiber unserer demokratischen Zeitungen heute erklären, daß ich bei Kenntnis der Stärke des bolschewistischen Gegners es mir überlegt haben würde, zum Angriff zu schreiten, so verkennen sie ebenso sehr die Lage wie meine Person. Ich habe keinen Krieg gesucht, sondern habe im Gegenteil alles getan, ihn zu vermeiden. Ich würde aber pflichtvergessen und gewissenlos handeln, wenn ich es trotz der Kenntnis der Unvermeidbarkeit eines Waffenganges versäumen würde, die daraus möglichen Konsequenzen zu ziehen. Weil ich Sowjetrußland für die tödliche Gefahr nicht nur des Deutschen Reiches, sondern für ganz Europa hielt, habe ich mich entschlossen, wenn möglich noch wenige Tage vor Ausbruch dieser Auseinandersetzungen selbst das Zeichen zum Angriff zu geben. Für die Tatsache der Absicht aber des russischen Angriffes liegt heute ein wahrhaft erdrückendes und authentisches Material vor. Ebenso sind wir uns im klaren über den Zeitpunkt, an dem dieser Angriff stattfinden sollte; angesichts der uns vielleicht im ganzen Umfang aber wirklich erst heute bewußt gewordenen Größe der Gefahr kann ich dem Herrgott nur danken, daß er mich zur richtigen Stunde erleuchtet hat und mir die Kraft schenkte, das zu tun, was getan werden mußte, es verdanken ihm nicht nur Millionen deutscher Soldaten ihr Leben, sondern ganz Europa sein Dasein.

Denn das darf ich heute aussprechen: Wenn sich diese Welle von über 20 000 Panzern, Hunderten von Divisionen, Zehntausenden an Geschützen, begleitet von mehr als 10 000 Flugzeugen unversehens über das Reich hin in Bewegung gesetzt haben würde, wäre Europa verloren gewesen. Das Schicksal hat eine Reihe von Völkern bestimmt, durch den Einsatz ihres Blutes diesem Stoß zuvorzukommen bzw. ihn aufzufangen. Hätte sich Finnland nicht sofort entschlossen, zum zweiten Male die Waffen zu ergreifen, dann würde die gemächliche Bürgerlichkeit der anderen nordischen Staaten schnell ihr Ende gefunden haben.

Wäre das Deutsche Reich nicht mit seinen Soldaten und Waffen vor diesen Gegner getreten, würde ein Strom über Europa gebrandet sein, der die lächerliche britische Idee der Aufrechterhaltung des europäischen Gleichgewichtes in ihrer ganzen Geistlosigkeit und stupiden Tradition einmal für immer erledigt hätte.

Würden nicht Slowaken, Ungarn, Rumänen den Schutz dieser europäischen Welt mit übernommen haben, dann wären die bolschewistischen Horden wie der Hunnenschwarm eines Attila über die Donauländer gebraust, und an den Gefilden des Ionischen Meeres würden heute Tataren und Mongolen die Revision des Vertrages von Montreux erzwingen. Hätten nicht Italien, Spanien, Kroatien ihre Divisionen gesendet, dann würde nicht die Abwehr einer europäischen Front entstanden sein, die als Proklamation des Begriffs des neuen Europas ihre werbende Kraft auch auf alle anderen Völker ausstrahlen ließ. Aus diesem ahnungsvollen Erkennen heraus sind von Nord- und Westeuropa die Freiwilligen gekommen: Norweger, Dänen, Holländer, Flamen, Belgier, ja selbst Franzosen, die den Kampf der verbündeten Mächte der Achse im wahrsten Sinne des Wortes den Charakter eines europäischen Kreuzzuges geben.

Es ist noch nicht die ganze Zeit, über die Planung und Führung dieses Feldzuges zu sprechen. Allein ich glaube schon jetzt, in diesem gewaltigsten Kampfe aller Zeiten, bei dem sich durch die Größe des Raumes, die Vielzahl und Gewalt der Ereignisse nur zu leicht die einzelnen Eindrücke verwischen, in der Erinnerung verblassen, in wenigen Sätzen auf das Erreichte hinweisen zu dürfen.

Am 22. Juni begann im grauenden Morgen der Angriff. Mit unwiderstehlicher Kühnheit wurden jene Grenzbefestigungen durchstoßen, die bestimmt waren, den russischen Aufmarsch gegen uns vor jeder Überraschung zu sichern. Schon am 22. Juni war Grodno gefallen. Am 23. Juni waren nach der Einnahme von Brest-Litowsk die Zitadelle niedergekämpft und ebenso Wilna und Kowno genommen. Am 26. Juni fiel Dünaburg.

Am 10. Juli wurden die ersten beiden großen Umfassungsschlachten bei Bialystok und Minsk abgeschlossen. 324 000 Gefangene, 3332 Panzer und 1809 Geschütze fielen in unsere Hand. Schon am 13. Juli erfolgte an fast allen entscheidenden Stellen der Durchbruch durch die Stalin-Linie. Am 16. Juli fiel nach schweren Kämpfen Smolensk, während am 19. Juli deutsche und rumänische Verbände den Übergang über den Dnjestr erzwangen.

Am 6. August wurde in vielen Kesseln die Schlacht vom Smolensk beendet. Wieder marschierten in deutsche Gefangenschaft 310 000 Russen, während 3205 Panzer und 3120 Geschütze teils vernichtet, teils als Beute gezählt werden konnten. Schon drei Tage später vollendete sich das Schicksal einer weiteren russischen Heeresgruppe. Am 9. August wurden in der Schlacht von Uman wieder 103 000 Sowjetrussen gefangen, 317 Panzer, 1100 Geschütze zerstört oder erbeutet.

Am 15. August fiel Nikolajew, am 21. wurde Cherson genommen. Am selben Tage fand die Schlacht bei Gomel ihren Abschluß mit 84 000 Gefangenen und 144 Panzern und 848 Geschützen, die abermals teils erbeutet, teils vernichtet worden waren.

Am 21. August wurden die russischen Stellungen zwischen Ilmen- und Peipus-See durchbrochen, während am 26. August der Brückenkopf am Dnjepr um Dnjepropetrowsk in unsere Hand kam.

Schon am 28. des gleichen Monats zogen deutsche Truppen nach schweren Kämpfen in Reval und Baltisch-Port ein, während am 20. Viipuri durch die Finnen genommen wurde. Mit der am 8. September erfolgten Eroberung von Schlüsselburg wurde Petersburg endgültig auch nach dem Süden hin abgeschlossen.

Am 16. September gelang es, die Brückenköpfe über den Dnjepr zu bilden und schon am 18. September fiel Poltawa in die Hand unserer Soldaten. Am 19. September erstürmten deutsche Verbände die Zitadelle von Kiew, und am 22. September wurde die Eroberung von Oesel durch die Einnahme der Hauptstadt gekrönt.

Nunmehr aber erst reiften die größten Operationen zu den erwarteten Erfolgen heran. Am 27. September war die Schlacht bei Kiew abgeschlossen. 665 000 Gefangene setzten sich in endlosen Kolonnen nach Westen hin in Bewegung. 884 Panzer, 3178 Geschütze aber blieben in den Kesseln als Beute liegen. Schon am 2. Oktober begann die Durchbruchsschlacht nunmehr in der Mitte der Ostfront, während am 11. Oktober die Schlacht am Asowschen Meer ihren erfolgreichen Abschluß fand. Wieder wurden 107 000 Gefangene, 212 Panzer und 672 Geschütze gezählt. Am 16. Oktober erfolgte nach hartem Kampf der Einzug der deutschen und rumänischen Verbände in Odessa. Am 18. Oktober war die am 2. Oktober begonnene Durchbruchsschlacht in der Mitte der Ostfront mit einem neuen weltgeschichtlich einmaligen Erfolg beendet. 663000 Gefangene waren das Ergebnis, 1242 Panzer, 5452 Geschütze teils vernichtet, teils erbeutet das andere. Am 21. Oktober wurde die Eroberung von Dagoe abgeschlossen. Am 24. Oktober das Industrie-Zentrum Charkow genommen. Am 28. Oktober in schwersten Kämpfen der Zugang zur Krim endgültig erzwungen und schon am 2. November die Hauptstadt Simferopol erstürmt. Am 16. November war die Krim durchstoßen bei Kertsch. Am 1. Dezember aber betrug die Gesamtzahl der gefangenen Sowjetrussen 3806865. Die Zahl der vernichteten oder erbeuteten Panzer betrug 21391, die der Geschütze 32541 und die der Flugzeuge 17322.

Im gleichen Zeitraum wurden 2191 britische Flugzeuge abgeschossen. Durch die Kriegsmarine 4170611 BRT., durch die Luftwaffe 2346180 BRT. versenkt. Also zusammen: 6516791 BRT. vernichtet.

Meine Abgeordneten! Mein deutsches Volk! Dies sind nüchterne Tatsachen und vielleicht trockene Zahlen. Mögen Sie aber nie der Geschichte und vor allem dem Bewußtsein und der Erinnerung unseres eigenen deutschen Volkes entschwinden.

Denn hinter diesen Zahlen verbergen sich die Leistungen, Opfer und Entbehrungen, stehen der Heldenmut und die Todesbereitschaft von Millionen der besten Männer unseres eigenen Volkes und der mit uns verbündeten Staaten.

Alles das mußte erkämpft werden mit dem Einsatz der Gesundheit und des Lebens und unter Anstrengungen, von denen die Heimat wohl kaum eine Ahnung hat.

In endlose Fernen marschierend, gequält von Hitze und Durst, oft fast bis zur Verzweiflung gehemmt durch den Schlamm grundloser Wege, vom Weißen bis zum Schwarzen Meer den Unbilden eines Klimas ausgesetzt, das von der Glut der Juli- und Augusttage sich senkt bis zu den Winterstürmen des November und Dezember, gepeinigt von Insekten, leidend unter Schmutz und Ungeziefer, frierend in Schnee und Eis, haben sie gekämpft, die Deutschen und die Finnen, die Italiener, Slowaken, Ungarn und Rumänen, die Kroaten, die Freiwilligen aus den nordischen und westeuropäischen Ländern, alles in allem: die Soldaten der Ostfront.

Ich will an diesem Tag keine einzelnen Waffen nennen, will keine Führung rühmen, sie haben alle ihr Höchstes gegeben. Und doch verpflichtet Einsicht und Gerechtigkeit, eines immer wieder festzustellen: Von all unseren deutschen Soldaten trägt so wie einst auch heute die schwerste Last des Kampfes unsere einzig dastehende Infanterie.

Vom 22. Juni bis 1. Dezember hat das deutsche Heer in diesem Heldenkampf verloren: 158 773 Tote, 563 082 Verwundete und 31 191 Vermißte. Die Luftwaffe 3231 Tote, 8453 Verwundete ud 2028 Vermißte. Die Kriegsmarine: 310 Tote, 232 Verwundete und 115 Vermißte. Mithin die deutsche Wehrmacht zusammen: 162 314 Tote, 571 767 Verwundete und 33 334 Vermißte.

Also an Toten und Verwundeten etwas mehr als das Doppelte der Somme-Schlacht des Weltkrieges, an Vermißten etwas weniger als die Hälfte der damaligen

Zahl, aber Väter und Söhne unseres deutschen Volkes. Und nun lassen Sie mich gegenüber zu jener anderen Welt Stellung nehmen, die ihren Repräsentanten in dem Mann hat, der, während die Völker und die Soldaten im Schnee und Eis kämpfen, in taktvoller Weise vom Kaminfeuer aus zu plaudern pflegt und damit also vor allem von jenem Mann, der der Hauptschuldige an diesem Kriege ist. Als sich im Jahre 1939 die Lage der Nationalitäten im damaligen polnischen Staat als immer unerträglicher erwies, versuchte ich zunächst auf dem Wege eines billigen Ausgleichs die untragbar gewordenen Zustände zu beseitigen. Es schien eine gewisse Zeit so, als ob die polnische Regierung selber ernstlich erwogen hätte, einer vernünftigen Lösung zuzustimmen. Ich darf hier noch einfügen, daß bei all diesen Vorschlägen von deutscher Seite nichts gefordert wurde, was nicht schon früher deutsches Eigentum gewesen war, ja, daß wir im Gegenteil auf sehr viel Verzicht leisteten, was vor dem Weltkrieg Deutschland gehörte.

Sie erinnern sich noch der dramatischen Entwicklung dieser Zeit, der sich fortgesetzt erhöhenden Opfer der deutschen Volksgruppe. Sie sind, meine Abgeordneten, am besten in der Lage, die Schwere dieser Blutopfer zu ermessen, wenn Sie sie in Vergleich setzen zu den Opfern des jetzigen Krieges. Denn der bisherige Feldzug im Osten hat die gesamte deutsche Wehrmacht rund 160 000 Tote gekostet, allein im tiefsten Frieden sind damals in wenigen Monaten in Polen über 62 000 Volksdeutsche zum Teil unter grausamsten Martern getötet worden. Daß das Deutsche Reich ein Recht besaß, solche Zustände an seiner Grenze zu beanstanden und auf ihre Beseitigung zu

170

drängen, überhaupt auch auf seine Sicherheit bedacht zu sein, dürfte wohl kaum bestritten werden in einer Zeit, in der andere Länder Elemente ihrer Sicherheit sogar in fremden Kontinenten suchen. Die Probleme, die korrigiert werden sollten, waren territorial genommen unbedeutend. Im wesentlichen handelte es sich um Danzig und um die Verbindung der abgerissenen Provinz Ostpreußen mit dem übrigen Reich. Schwerer wogen die grausamen Verfolgungen, denen die Deutschen gerade in Polen ausgesetzt waren. Ein nicht minder schweres Schicksal hatten dort übrigens auch die anderen Minoritäten zu dulden.

Als sich nun in den Augusttagen die Haltung Polens dank der als Blankovollmacht ausgestellten Garantie Englands immer mehr versteifte, sah sich die deutsche Reichsregierung, und zwar zum letztenmal, veranlaßt, einen Vorschlag zu unterbreiten, aufgrund dessen sie bereit war, in Verhandlungen mit Polen einzutreten und von dem sie dem damaligen englischen Botschafter wörtlich Kenntnis gab.

Ich darf diese Vorschläge am heutigen Tage der Vergessenheit entreißen und sie Ihnen wieder zur Erinnerung bringen.

Vorschlag für eine Regelung des Danzig-Korridor-Problems sowie der deutsch-polnischen Minderheitenfrage:

Die Lage zwischen dem Deutschen Reich und Polen ist zur Zeit so, daß jeder weitere Zwischenfall zu einer Entladung der beiderseits in Stellung gegangenen militärischen Streitkräfte führen kann. Jede friedliche Lösung muß so beschaffen sein, daß sich nicht bei nächster Gelegenheit die diesen Zustand ursächlich bedingenden Ereignisse wiederholen können und da-

durch nicht nur der Osten Europas, sondern auch andere Gebiete in die gleiche Spannung versetzt werden.
Die Ursachen dieser Entwicklung liegen
1. in der unmöglichen Grenzziehung, wie sie durch das Versailler Diktat vorgenommen wurde,
2. in der unmöglichen Behandlung der Minderheit in den abgetrennten Gebieten.

Die Deutsche Reichsregierung geht daher bei diesen Vorschlägen von dem Gedanken aus, eine endgültige Lösung zu finden, die die unmögliche Situation der Grenzziehung beseitigt, beiden Teilen ihre lebenswichtigen Verbindungsstraßen sichert, das Minderheitenproblem – soweit irgend möglich – beseitigt, und soweit dies nicht möglich ist, das Schicksal der Minderheiten durch eine sichere Garantie ihrer Rechte erträglich gestaltet.

Die Deutsche Reichsregierung ist überzeugt, daß es dabei unerläßlich ist, wirtschaftliche und physische Schädigungen, die seit dem Jahre 1918 stattgefunden haben, aufzudecken und in vollem Umfange wiedergutzumachen. Sie sieht selbstverständlich diese Verpflichtung als eine für beide Teile bindende an.

Aus diesen Erwägungen ergeben sich folgende praktische Vorschläge:

1. Die Freie Stadt Danzig kehrt aufgrund ihres rein deutschen Charakters sowie des einmütigen Willens ihrer Bevölkerung sofort in das Deutsche Reich zurück.
2. Das Gebiet des sogenannten Korridors, das von der Ostsee bis zu der Linie Marienwerder – Graudenz – Kulm – Bromberg (diese Städte einschließlich) und dann etwas westlich nach Schönlake

reicht, wird über seine Zugehörigkeit zu Deutschland oder zu Polen selbst entscheiden.

3. Zu diesem Zweck wird dieses Gebiet eine Abstimmung vornehmen. Abstimmungsberechtigt sind alle Deutschen, die am 1. Januar 1918 in diesem Gebiet wohnhaft waren oder bis zu diesem Tag dort geboren wurden, und desgleichen alle an diesem Tage in diesem Gebiet wohnhaft gewesen oder bis zu diesem Tage dort geborenen Polen, Kaschuben usw. Die aus diesem Gebiet vertriebenen Deutschen kehren zur Erfüllung ihrer Abstimmung zurück.

Zur Sicherung einer objektiven Abstimmung sowie zur Gewährleistung der dafür notwendigen umfangreichen Vorarbeiten wird dieses erwähnte Gebiet ähnlich dem Saargebiet einer sofort zu bildenden internationalen Kommission unterstellt, die von den vier Großmächten Italien, Sowjetunion, Frankreich und England gebildet wird. Diese Kommission übt alle Hoheitsrechte in diesem Gebiet aus. Zu diesem Zweck ist dieses Gebiet in einer zu vereinbarenden kürzesten Frist von den polnischen Militärs, der polnischen Polizei und den polnischen Behörden zu räumen.

4. Von diesem Gebiet bleibt ausgenommen der polnische Hafen Gdingen, der grundsätzlich polnisches Hoheitsgebiet ist, insoweit er sich territorial auf die polnische Siedlung beschränkt.

Die näheren Grenzen dieser polnischen Hafenstadt wären zwischen Deutschland und Polen festzulegen und nötigenfalls durch ein internationales Schiedsgericht festzusetzen.

5. Um die notwendige Zeit für die erforderlichen

umfangreichen Arbeiten zur Durchführung einer gerechten Abstimmung sicherzustellen, wird diese Abstimmung nicht vor Ablauf von 12 Monaten stattfinden.

6. Um während dieser Zeit Deutschland seine Verbindung mit Ostpreußen und Polen seine Verbindung mit dem Meere unbeschränkt zu garantieren, werden Straßen und Eisenbahnen festgelegt, die einen freien Transitverkehr ermöglichen. Hierbei dürfen nur jene Abgaben erhoben werden, die für die Erhaltung der Verkehrswege bzw. für die Durchführung der Transporte erforderlich sind.

7. Über die Zugehörigkeit des Gebietes entscheidet die einfache Mehrheit der abgegebenen Stimmen.

8. Um nach erfolgter Abstimmung – ganz gleich, wie diese ausgehen möge – die Sicherheit des freien Verkehrs Deutschlands mit seiner Provinz Danzig – Ostpreußen und Polen seine Verbindung mit dem Meere zu garantieren, wird, falls das Abstimmungsgebiet an Polen fällt, Deutschland eine Exterritoriale Verkehrszone, etwa in Richtung von Bütow – Danzig bzw. Dirschau, gegeben zur Anlage einer Reichsautobahn sowie einer viergleisigen Eisenbahnlinie. Der Bau der Straße und der Eisenbahn wird so durchgeführt, daß die polnischen Kommunikationswege dadurch nicht berührt, d. h. entweder über- oder unterfahren werden. Die Breite dieser Zone wird auf einen Kilometer festgesetzt und ist deutsches Hoheitsgebiet.

Fällt die Abstimmung zugunsten Deutschlands

aus, erhält Polen zum freien und uneingeschränkten Verkehr nach seinem Hafen Gdingen die gleichen Rechte einer ebenso exterritorialen Straßen- bzw. Bahnverbindung, wie sie Deutschland zustehen würden.

9. Im Falle des Zurückfallens des Korridors an das Deutsche Reich erklärt sich dieses bereit, einen Bevölkerungsaustausch mit Polen in dem Ausmaß vorzunehmen, als der Korridor hierfür geeignet ist.

10. Die etwa von Polen gewünschten Sonderrechte im Hafen von Danzig würden paritätisch ausgehandelt werden mit gleichen Rechten Deutschlands im Hafen von Gdingen.

11. Um in diesem Gebiet jedes Gefühl einer Bedrohung auf beiden Seiten zu beseitigen, würden Danzig und Gdingen den Charakter einer Handelsstätte erhalten, d. h. ohne militärische Anlagen und militärische Befestigung.

12. Die Halbinsel Hela, die entsprechend der Abstimmung entweder zu Polen oder zu Deutschland käme, würde in jedem Fall ebenfalls zu demilitarisieren sein.

13. Da die Deutsche Reichsregierung heftigste Beschwerden gegen die polnische Minderheitenbehandlung vorzubringen hat, die polnische Regierung ihrerseits glaubt, auch Beschwerden gegen Deutschland vorbringen zu müssen, erklären sich beide Parteien damit einverstanden, daß diese Beschwerden einer international zusammengesetzten Untersuchungskommission unterbreitet werden, die die Aufgabe hat, alle Beschwerden über wirtschaftliche und physische Schädigungen

sowie sonstige terroristische Akte zu untersuchen.

Deutschland und Polen verpflichten sich, alle seit dem Jahre 1918 etwa vorgekommenen wirtschaftlichen und sonstigen Schädigungen der beiderseitigen Minoritäten wieder gutzumachen bzw. alle Entscheidungen aufzuheben oder für diese und sonstige Eingriffe in das wirtschaftliche Leben eine vollständige Entschädigung den Betroffenen zu leisten.

14. Um den in Polen verbleibenden Deutschen sowie den in Deutschland verbleibenden Polen das Gefühl der internationalen Rechtlosigkeit zu nehmen und ihnen vor allem die Sicherheit zu gewähren, nicht zu Handlungen bzw. zu Diensten herangezogen werden zu können, die mit ihrem nationalen Gefühl unvereinbar sind, kommen Deutschland und Polen überein, die Rechte der beiderseitigen Minderheiten durch umfassende und bindende Vereinbarungen zu sichern, um diesen Minderheiten die Erhaltung, freie Entwicklung und Betätigung ihres Volkstums zu gewährleisten, ihnen insbesondere zu diesem Zweck die von ihnen für erforderlich gehaltene Organisierung zu gestatten. Beide Teile verpflichten sich, die Angehörigen der Minderheit nicht zum Wehrdienst heranzuziehen.

15. Im Falle einer Vereinbarung auf der Grundlage dieser Vorschläge erklären sich Deutschland und Polen bereit, die sofortige Demobilmachung ihrer Streitkräfte anzuordnen und durchzuführen.

16. Die zur Beschleunigung der obigen Abmachungen erforderlichen weiteren Maßnahmen werden

zwischen Deutschland und Polen gemeinsam vereinbart.

Die damalige polnische Regierung hat es abgelehnt, auf diese Vorschläge auch nur zu reagieren. Es erhebt sich dabei aber doch die Frage: Wie konnte es ein so unbedeutender Staat wagen, solche Vorschläge einfach zu negieren und darüber hinaus nicht nur zu weiteren Grausamkeiten gegenüber den Deutschen, die diesem Lande die ganze Kultur geschenkt hatten, zu greifen, sondern sogar noch die allgemeine Mobilmachung anzuordnen! Der Einblick in die Dokumente des Auswärtigen Amtes in Warschau hat uns allen später die überraschende Aufklärung gegeben: Ein Mann war es, der mit teuflischer Gewissenlosigkeit seinen gesamten Einfluß zur Anwendung brachte, um Polen in seinem Widerstand zu bestärken und jede Möglichkeit einer Verständigung auszuschalten. Die Berichte, die der damalige polnische Gesandte in Washington, Graf Potocki, seiner Regierung in Warschau schickte, sind Dokumente, aus denen mit erschreckender Deutlichkeit hervorgeht, wie sehr ein einziger Mann und die ihn treibenden Kräfte mit der Verantwortung für den zweiten Weltkrieg belastet sind. Es erhebt sich zunächst die Frage, aus welchen Gründen konnte dieser Mann in eine so fanatische Feindschaft gegenüber einem Land verfallen, das bisher in seiner ganzen Geschichte weder Amerika noch ihm selbst irgendein Leid zugefügt hat? Soweit es sich um die Stellung Deutschlands zu Amerika handelt, ist folgendes zu sagen:

1. Deutschland ist vielleicht die einzige Großmacht, die weder auf dem nord- noch südamerikanischen Kontinent jemals eine Kolonie besessen oder sich sonst politisch betätigt hat, es sei denn durch Auswanderung vieler Millionen Deutscher und deren Mitarbeit, aus der der amerikanische Kontinent, insbesondere die Vereinigten Staaten, nur Nutzen gezogen haben.

2. Das Deutsche Reich hat in der ganzen Geschichte der Entstehung und des Bestehens der Vereinigten Staaten niemals eine politisch ablehnende oder gar feindliche Haltung eingenommen, wohl aber mit dem Blut vieler seiner Söhne mitgeholfen, die USA zu verteidigen.

3. Das Deutsche Reich hat sich an keinem Krieg gegen die Vereinigten Staaten selbst beteiligt, wohl aber wurde es von den Vereinigten Staaten im Jahre 1917 mit Krieg überzogen, und zwar aus Gründen, die durch einen Ausschuß restlos aufgeklärt worden sind, den der jetzige Präsident Roosevelt zur Prüfung dieser Frage selbst eingesetzt hatte.

Gerade dieser Untersuchungsausschuß zur Klärung der Gründe des amerikanischen Kriegseintritts hat einwandfrei festgestellt, daß diese für den amerikanischen Kriegseintritt 1917 ausschließlich auf dem Gebiet der kapitalistischen Interessen einiger kleiner Gruppen liegen, daß Deutschland selbst jedenfalls keinerlei Absicht hatte, mit Amerika in einen Konflikt zu geraten.

Auch sonst gibt es zwischen dem amerikanischen und dem deutschen Volk keine Gegensätze, seien sie territorialer oder politischer Art, die irgendwie die Interessen oder gar die Existenz der Vereinigten Staaten berühren könnten. Die Verschiedenheit der Staatsformen war immer gegeben. Sie kann aber überhaupt nicht als ein Grund für Feindseligkeiten im Völkerleben herangezogen werden, solange sich nicht eine Staatsform bemüht, außerhalb des ihr natürlich gegebenen Bereiches in andere einzugreifen.

Amerika ist eine von einem Präsidenten mit großer autoritärer Vollmacht geleitete Republik. Deutschland war einst eine von einer bedingten Autorität geführte Monarchie, später eine autoritätslose Demokratie, heute eine von starker Autorität geführte Republik. Zwischen beiden Staaten liegt ein Ozean. Die Divergenzen zwischen dem kapitalistischen Amerika und dem bolschewistischen Rußland müßten, wenn überhaupt diese Begriffe etwas Wahres an sich hätten, wesentlich größer sein als zwischen dem von einem Präsidenten geführten Amerika und dem von einem Führer geleiteten Deutschland.

Es ist nun aber eine Tatsache, daß die beiden historischen Konflikte zwischen Deutschland und den Vereinigten Staaten, wenn auch von der gleichen Kraft inspiriert, doch ausschließlich durch zwei Männer der USA angefacht worden sind, nämlich durch den Präsidenten Wilson und durch Franklin Roosevelt. Das Urteil über Wilson hat die Geschichte selbst gesprochen. Sein Name bleibt verbunden mit einem der gemeinsten Wortbrüche aller Zeiten. Die Folgen seines Wortbruchs waren eine Zerrüttung des Lebens der Völker nicht nur bei den sogenannten Besiegten, sondern auch bei den Siegern selbst. Das durch seinen Wortbruch allein ermöglichte Diktat von Versailles hat Staaten zerrissen, Kulturen zerstört und die Wirtschaft aller ruiniert.

Wir wissen heute, daß hinter Wilson eine Gesellschaft interessierter Finanziers stand, die sich dieses paralytischen Professors bedienten, um Amerika in den Krieg zu führen, von dem sie sich erhöhte Geschäfte erhofften.

Daß das deutsche Volk diesem Mann einst geglaubt hatte, mußte es mit dem Zusammenbruch seiner politischen und wirtschaftlichen Existenz bezahlen.

Welches ist nun der Grund, daß nach so bitteren Erfahrungen sich wieder ein Präsident der Vereinigten Staaten findet, der erneut seine einzige Aufgabe darin sieht, Kriege entstehen zu lassen und vor allem die Feindschaft gegen Deutschland bis zum Kriegsausbruch zu steigern? Der Nationalsozialismus kam in Deutschland im selben Jahr zur Macht, in dem Roosevelt zum Präsidenten der Vereinigten Staaten gewählt wurde. Es ist nun wichtig, die Momente zu prüfen, die als Ursache der heutigen Entwicklung angesehen werden müssen. Zunächst die politische Seite:

Ich verstehe nur zu wohl, daß zwischen der Lebensauffassung und Einstellung des Präsidenten Roosevelt und meiner eigenen ein weltweiter Abstand ist.

Roosevelt stammt aus einer steinreichen Familie, gehörte von vornherein zu jener Klasse von Menschen, denen Geburt und Herkunft in den Demokratien den Weg des Lebens ebnen und damit den Aufstieg sichern.

Ich selbst war nur das Kind einer kleinen und armen Familie und mußte mir unter unsäglichen Mühen durch Arbeit und Fleiß meinen Weg erkämpfen.

Als der Weltkrieg kam, hat ihn Roosevelt in einer unter dem Schatten Wilsons befindlichen Stellung aus der Sphäre des Verdienenden miterlebt. Er kennt daher nur die angenehmen Folgen der Auseinandersetzung von Völkern und Staaten, die sich für den hergeben, der dort Geschäfte macht, wo andere verbluten. In dieser gleichen Zeit war mein eigenes Leben wieder auf der ganz anderen Seite gelegen. Ich gehörte nicht zu denen, die Geschichte oder gar Geschäfte machten, sondern nur zu denen, die Befehle ausführten.

Als gewöhnlicher Soldat habe ich mich bemüht, in diesen vier Jahren vor dem Feinde meine Pflicht zu erfüllen, und kehrte aus dem Kriege natürlich gerade so arm zurück, wie ich im Herbst 1914 in ihn gezogen war. Ich habe also mein Schicksal mit dem von Millionen geteilt, Herr Franklin Roosevelt das seine mit dem der sogenannten oberen Zehntausend. Während Herr Roosevelt nach dem Krieg schon seine Fähigkeiten in Finanzspekulationen erprobte, um aus der Inflation, das heißt dem Fleiß der anderen, persönlichen Nutzen zu ziehen, lag ich noch, ebenfalls wie viele andere Hunderttausend, im Lazarett.

Und als Herr Roosevelt endlich die Laufbahn des normalen geschäftlich erfahrenen, wirtschaftlich fundierten, herkunftsmäßig protegierten Politikers beschritt, kämpfte ich als namenloser Unbekannter für die Wiedererhebung meines Volkes, dem das schwerste Unrecht in seiner ganzen Geschichte angetan worden war.

Zwei Lebenwege! Als Franklin Roosevelt an die Spitze der Vereinigten Staaten trat, war er der Kandidat einer durch und durch kapitalistischen Partei, die sich seiner bediente. Und als ich Kanzler des Deutschen Reiches wurde, war ich der Führer einer Volksbewegung, die ich selbst geschaffen hatte.

Die Kräfte, die Herrn Roosevelt trugen, waren die Kräfte, die ich aufgrund des Schicksals meines Volkes und meiner heiligsten inneren Überzeugung bekämpfte. Der 'Gehirntrust', dessen sich der neue amerikanische Präsident bedienen mußte, bestand aus Angehörigen desselben Volkes, das wir als eine parasitäre Erscheinung der Menschheit in Deutschland bekämpfen und aus dem öffentlichen Leben zu entfernen begannen.

Und doch hatten wir beide etwas Gemeinsames: Franklin Roosevelt übernahm einen Staat mit einer infolge der demokratischen Einflüsse verfallenen Wirtschaft, und ich trat an die Spitze eines Reiches, das sich ebenfalls dank der Demokratie vor dem vollkommenen Ruin befand.

Die Vereinigten Staaten besaßen 13 Millionen Erwerbslose, Deutschland 7 Millionen und allerdings noch weitere 7 Millionen Kurzarbeiter. In beiden Staaten waren die öffentlichen Finanzen zerrüttet, das Absinken des allgemeinen wirtschaftlichen Lebens schien kaum mehr aufzuhalten.

In diesem Moment beginnt in den Vereinigten Staaten und im Deutschen Reich nunmehr eine Entwicklung, die es der Nachwelt leicht machen wird, über die Richtigkeit der Theorien ein abschließendes Urteil zu fällen. Während im Deutschen Reich unter der nationalsozialisitischen Führung in wenigen Jahren ein ungeheurer Aufstieg des Lebens, der Wirtschaft, der Kultur, der Kunst usw. einsetzte, war es dem Präsidenten Roosevelt nicht gelungen, auch nur die geringsten Verbesserungen in seinem eigenen Lande herbeizuführen.

Wieviel leichter aber mußte diese Arbeit in den Vereinigten Staaten sein, in denen knapp fünfzehn Menschen auf dem Quadratkilometer leben gegenüber 140 in Deutschland.

Wenn es in diesem Lande nicht gelingt, eine wirtschaftliche Blüte herbeizuführen, dann hängt es nur zusammen entweder mit dem schlechten Willen einer herrschenden Führung oder mit einer vollkommenen Unfähigkeit der berufenen Menschen.

In knapp fünf Jahren waren in Deutschland die wirtschaftlichen Probleme gelöst und die Erwerbslosigkeit beseitigt.

In der derselben Zeit hat der Präsident Roosevelt die Staatsschulden seines Landes auf das Ungeheuerlichste erhöht, den Dollar entwertet, die Wirtschaft noch mehr zerrüttet und die Erwerbslosigkeit beibehalten.

Dies ist aber nicht verwunderlich, wenn man bedenkt, daß die Geister, die dieser Mann zu seiner Unterstützung gerufen hat oder besser, die ihn gerufen hatten, zu jenen Elementen gehören, die als Juden ein Interesse nur an der Zerrüttung und niemals an der Ordnung besitzen können.

Während wir im nationalsozialistischen Deutschland die Spekulation bekämpfen, erlebte sie unter der Aera Roosevelt eine erstaunliche Blüte. Die Gesetzgebung des New Deals dieses Mannes war falsch und damit der größte Fehlschlag, den je ein Mann erlitten hatte. Es gibt keine Zweifel darüber, daß eine Fortsetzung dieser Wirtschaftspolitik in Friedenszeiten diesen Präsidenten früher oder später trotz all seiner dialektischen Geschicklichkeit zum Scheitern gebracht haben würde. In europäischen Staaten würde er sicherlich sein Ende vor dem Staatsgerichtshof wegen willkürlicher Verschleuderung des nationalen Vermögens gefunden haben. Vor einem bürgerlichen Gericht aber wegen schuldhafter Geschäftsgebarung dem Gefängnis kaum entgangen sein.

Dieses Urteil oder besser diese Erkenntnis besitzen auch viele und angesehene Amerikaner. Eine drohende Opposition braute sich über dem Haupt dieses

Mannes zusammen. Sie ließ ihn ahnen, daß nur eine Ablenkung der Aufmerksamkeit der öffentlichen Meinung von seiner inneren Politik zur äußeren hin Rettung bringen könnte. Es ist interessant, in diesem Zusammenhang die Berichte des polnischen Gesandten Potocki aus Washington zu studieren, der immer wieder darauf hinweist, daß sich Roosevelt der Gefahr des Zusammenbruchs seines ganzen wirtschaftlichen Kartenhauses genau bewußt sei und deshalb unter allen Umständen eine außenpolitische Ablenkung benötigte.

Er wurde darin bestärkt durch den Kreis der ihn umgebenden Juden, die aus alttestamentarischer Habsucht in den Vereinigten Staaten das Instrument zu sehen glauben, um mit ihm den europäischen, immer antisemitischer werdenden Nationen einen zweiten Purim bereiten zu können. Es war der Jude in seiner ganzen satanischen Niedertracht, der sich um diesen Mann scharte, und nach dem dieser Mann aber auch griff. So beginnt dann steigend der Einfluß des amerikanischen Präsidenten sich in dem Sinne auszuwirken, Konflikte zu schaffen oder vorhandene Konflikte zu vertiefen, auf alle Fälle aber zu verhindern, daß Konflikte eine friedliche Lösung finden. Jahrelang hat dieser Mann nur einen einzigen Wunsch, daß irgendwo in der Welt ein Streit ausbricht, am besten in Europa, der ihm die Möglichkeit gibt, durch Verpflichtungen der amerikanischen Wirtschaft an einen der beiden Streitenden eine politische Interessenverflechtung herzustellen, die geeignet sein konnte, Amerika einem solchen Konflikt langsam näher zu bringen und damit die Aufmerksamkeit von seiner zerfahrenen Wirtschaftspolitik im Innern abzulenken.

Besonders brüskant wird sein Vorgehen in diesem Sinne gegen das Deutsche Reich. Vom Jahre 1937 ab setzten eine Anzahl von Reden ein, darunter eine besonders niederträchtige vom 5. Oktober 1937 in Chikago, in denen dieser Mann planmäßig beginnt, die amerikanische Öffentlichkeit gegen Deutschland aufzuhetzen. Er droht mit der Aufrichtung einer Art von Quarantäne gegen die sogenannten autoritären Staaten.

Im Vollzug dieser sich dauernd steigernden Haß- und Hetzpolitik des Präsidenten Roosevelt beruft er nach neuerlichen beleidigenden Erklärungen den amerikanischen Botschafter in Berlin zur Berichterstattung nach Washington. Seitdem sind die beiden Staaten nur noch durch Geschäftsträger vertreten.

Vom November 1938 ab beginnt er, planmäßig und bewußt jede Möglichkeit einer europäischen Befriedungspolitik zu sabotieren. Er heuchelt dabei nach außen hin Interesse am Frieden, droht aber jedem Staat, der bereit ist, die Politik einer friedlichen Verständigung zu betreiben, mit Sperrung von Anleihen, mit wirtschaftlichen Repressalien, mit Kündigung von Darlehen usw. Hier geben einen erschütternden Einblick die Berichte der polnischen Botschafter in Washington, London, Paris und Brüssel.

Im Januar 1939 beginnt dieser Mann seine Hetzkampagne zu verstärken und droht mit allen Maßnahmen vor dem Kongreß, gegen die autoritären Staaten vorzugehen, außer mit Krieg.

Während er dauernd behauptet, daß andere Staaten versuchten, sich in amerikanische Angelegenheiten einzumischen, und auf die Aufrechterhaltung der Monroe-Doktrin pocht, beginnt er seit dem März 1939 in innereuropäische Angelegenheiten hineinzureden, die

186

den Präsidenten der Vereinigten Staaten überhaupt nichts angehen. Erstens versteht er diese Probleme nicht und zweitens, wenn er sie verstünde und die geschichtlichen Hergänge begriffe, hätte er ebensowenig das Recht, sich um den mitteleuropäischen Raum zu kümmern, wie etwa das deutsche Staatsoberhaupt das Recht hat, über die Verhältnisse in einem Staate der USA zu urteilen oder gar zu ihnen Stellung zu nehmen. Ja, Herr Roosevelt geht noch weiter. Entgegen allen völkerrechtlichen Bestimmungen erklärt er, Regierungen, die ihm nicht passen, nicht anzuerkennen, Neuordnungen nicht entgegenzunehmen, Gesandtschaften von längst aufgelösten Staaten zu belassen oder gar als rechtmäßige Regierungen einzusetzen. Ja, endlich geht er soweit, mit solchen Gesandten Verträge abzuschließen, die ihm dann sogar das Recht geben, fremde Territorien einfach zu besetzen. Am 15. April 1939 kam der berühmte Appell Roosevelts an mich und den Duce, der eine Mischung von geographischer und politischer Unkenntnis einerseits, gepaart mit der Arroganz eines Angehörigen bestimmter Millionärskreise andererseits, darstellt und in dem wir aufgefordert wurden, Erklärungen abzugeben, und mit beliebigen Staaten Nichtangriffspakte zu schließen. Dabei zum großen Teil mit Staaten, die überhaupt nicht im Besitz ihrer Freiheit waren, weil sie von den Bundesgenossen des Herrn Roosevelt entweder annektiert oder in Protektorate verwandelt worden sind. Sie erinnern sich, meine Abgeordneten, daß ich damals diesem zudringlichen Herrn eine ebenso höfliche wie deutliche Antwort gab, was immerhin wenigstens für einige Monate den Strom der Redseligkeit dieses biederen Kriegshetzers abstoppte.

An seine Stelle trat aber nun die ehrenwerte Frau Gemahlin. Sie lehnte es ab, mit ihren Söhnen in einer Welt leben zu wollen, wie wir sie besitzen. Das ist wenigstens verständlich, denn dies ist eine Welt der Arbeit, nicht eine solche des Betruges und der Schiebung. Nach kurzer Erholung aber setzt der Mann dieser Frau dafür am 4. November 1939 die Abänderung des Neutralitätsgesetzes so durch, daß nunmehr das Waffenausfuhrverbot aufgehoben wird, und zwar zugunsten einer einseitigen Belieferung der Gegner Deutschlands.

Er beginnt dann, so ähnlich wie in Ostasien mit China, auch hier über den Umweg einer wirtschaftlichen Verflechtung eine früher oder später wirksam werdende Interessengemeinschaft herzustellen. Schon im selben Monat erkennt er einen Haufen von polnischen Emigranten als sogenannte Exilregierung an, deren einziges politisches Fundament ein paar Millionen von Warschau mitgenommene polnischer Goldstücke gewesen ist. Schon am 9. April geht es weiter, und er verfügt nunmehr eine Sperrung der norwegischen und dänischen Guthaben mit dem verlogenen Vorwand, einen deutschen Zugriff dadurch zu verhindern, obwohl ihm genau bekannt ist, daß z. B. die dänische Regierung in ihrer Vermögensverwaltung von Deutschland überhaupt nicht beachtet, geschweige denn kontrolliert wird.

Zu den verschiedenen Exilregierungen wird nun weiter von ihm auch noch eine norwegische anerkannt. Schon am 15. Mai 1940 kommen zu dieser nun auch noch holländische und belgische Emigrantenregierungen, und ebenso tritt eine Sperrung der holländischen und belgischen Guthaben ein. Allein die wahre Gesinnung dieses Mannes enthüllt sich erst in einem Telegramm vom 15. Juni an den französischen Ministerpräsidenten Reynaud. Er teilt ihm mit, daß die amerikanische Regierung die Hilfeleistung an Frankreich verdoppeln wird, vorausgesetzt, daß Frankreich den Krieg gegen Deutschland fortsetzt. Um diesem Wunsch nach Kriegsverlängerung noch besonders Nachdruck zu geben, gibt er die Erklärung ab, daß die amerikanische Regierung die Ergebnisse der Eroberung, z. B. also die Rückgewinnung der einst Deutschland geraubten Gebiete, nicht anerkennen werde. Ich brauche ihnen nicht versichern, daß es jeder deutschen Regierung gleichgültig ist, ob der Präsident der Vereinigten Staaten eine Grenze in Europa anerkennt oder nicht und auch in der Zukunft gleichgültig sein wird.

Ich führe den Fall zur Charakterisierung der planmäßigen Hetze dieses Mannes an, der von Frieden heuchelt und ewig nur zum Kriege hetzt. Denn nun überfällt ihn die Angst, daß im Falle des Zustandekommens eines europäischen Friedens die Milliardenvergeudung seiner Aufrüstung in kurzer Zeit als glatter Betrug erkannt wird, da niemand Amerika angreift, wenn dieses nicht selbst den Angriff provoziert!

Am 17. Juni 1940 verfügt der Präsident der Vereinigten Staaten die Sperrung der französischen Guthaben, um, wie er sich ausdrückt, sie dem deutschen Zugriff zu entziehen, in Wirklichkeit aber, um mit Hilfe eines amerikanischen Kreuzers das Gold von Casablanca nach Amerika abzuführen.

Vom Juli 1940 steigern sich die Maßnahmen Roosevelts immer mehr, um, sei es durch den Eintritt amerikanischer Staatsangehöriger in die britische Luftwaffe oder durch die Ausbildung von englischem Flugpersonal in den Vereinigten Staaten, den Weg zum Kriege selbst zu finden. Und schon im August 1940 erfolgt die gemeinsame Aufstellung eines militärischen Programms für die Vereinigten Staaten und Kanada. Um aber nun die Bildung eines amerikanisch-kanadischen Verteidigungskomitees wenigstens den größten Dummköpfen plausibel erscheinen zu lassen, erfindet er von Zeit zu Zeit Krisen, in denen er tut, als ob Amerika von einem Überfall bedroht sei, was er seinem – aber schon wirklich erbarmungswürdigen – Anhang dadurch einsuggeriert, daß er plötzlich Reisen abbricht, in höchster Eile nach Washington zurückfährt, um solcherart die Gefährlichkeit der Situation zu unterstreichen.

Im September 1940 nähert er sich dem Krieg noch mehr. Er tritt an die englische Flotte 50 Zerstörer der amerikanischen Flotte ab, wofür er allerdings militärische Stützpunkte in den britischen Besitzungen von Nord- und Mittelamerika übernimmt. Wie denn überhaupt eines erst die Nachwelt klären wird, nämlich inwieweit bei all diesem Haß gegen das soziale Deutschland auch noch die Absicht mitspielt, das britische Empire in der Stunde des Verfalls möglichst sicher und gefahrlos übernehmen zu können.

Nachdem nun England nicht mehr in der Lage ist, mit barem Gelde amerikanische Lieferungen bezahlen zu können, preßt er dem amerikanischen Volk das Pacht- und Leihgesetz auf. Als Präsident erhält er nun Vollmachten zur pacht- und leihweisen Unterstützung der Länder, deren Verteidigung ihm, Roosevelt, für Amerika als lebenswichtig erschienen. Allein im März 1941 geht dieser Mann, nachdem Deutschland unter

keinen Umständen zu bewegen ist, auf seine fortge-
setzten Anflegeleien zu reagieren, wieder einen
Schritt weiter.

Schon am 19. Dezember 1939 haben amerikanische
Kreuzer innerhalb der Sicherheitszone den (deutschen) Dampfer »Columbus« britischen Kriegsschif-
fen in die Hände gespielt. Er mußte deshalb versenkt
werden. Am selben Tage haben USA-Streitkräfte mitgewirkt bei dem Aufbringungsversuch des deutschen
Dampfers »Arauca«. Am 27. Januar 1940 hat der
USA-Kreuzer »Trenton« wieder völkerrechtswidrig
von Bewegungen der deutschen Handelsdampfer
»Arauca«, »La Plata« und »Wangoni« die feindlichen
Seestreitkräfte unterrichtet. Am 27. Juni 1940 verfügte er vollständig völkerrechtswidrig eine Beschränkung der Freizügigkeit ausländischer Handelsschiffe
in USA-Häfen.

Im November 1940 ließ er die deutschen Dampfer
»Phrygia«, »Darwald« und »Rhein« durch USA-
Kriegsschiffe solange verfolgen, bis sich diese Damp-
fer selbst versenkten, um nicht dem Feind in die Hand
zu fallen. Am 13. April 1941 erfolgte die Freigabe des
Verkehrs durch das Rote Meer für USA-Schiffe zur
Versorgung der britischen Armeen im Nahen Osten.

Im Monat März war unterdes bereits die Beschlagnah-
me aller deutschen Schiffe durch die amerikanischen
Behörden erfolgt. Deutsche Reichsangehörige wurden dabei in der entwürdigendsten Weise behandelt,
ihnen gänzlich völkerrechtswidrig bestimmte Aufent-
haltsorte angewiesen, Reisebeschränkungen auferlegt
usw.

Zwei aus kanadischer Gefangenschaft entkommene
deutsche Offiziere wurden ebenfalls entgegen aller

191

völkerrechtlichen Bestimmungen gefesselt und wieder an die kanadischen Behörden ausgeliefert. Am 27. März begrüßt derselbe Präsident, der gegen jede Aggression ist, die durch eine Aggression in Belgrad nach dem Sturz der legalen Regierung ans Ruder gekommene Putschistenclique Simowitsch und Genossen. Der Präsident Roosevelt schickte schon monatelang vorher den Oberst Donovan, ein vollständig minderwertiges Subjekt, in seinem Auftrag auf den Balkan, um dort zu versuchen, in Sofia und in Belgrad einen Aufstand gegen Deutschland und Italien herbeizuführen.

Er verspricht darauf im April Jugoslawien und Griechenland Hilfe aufgrund des Leih- und Pachtgesetzes. Noch Ende April erkennt dieser Mann die jugoslawischen und griechischen Emigranten wieder als Exilregierung an und sperrt im übrigen erneut völkerrechtswidrig die jugoslawischen und griechischen Guthaben. Von Mitte April ab erfolgt außerdem eine weitere Überwachung des Westatlantik durch die USA-Patrouillen und deren Meldungen an die Engländer. Am 26. April liefert Roosevelt an England 20 Schnellboote und zugleich finden laufend Reparaturen britischer Kriegsschiffe in USA-Häfen statt. Am 12. Mai erfolgt die völkerrechtswidrige Bewaffnung und Reparatur norwegischer Dampfer, die für England fahren. Am 4. Juni treffen amerikanische Truppentransporte in Grönland zum Flugplatzbau ein, und am 9. Juni kommt die erste englische Meldung, daß aufgrund eines Befehls des Präsidenten Roosevelt ein USA-Kriegsschiff ein deutsches U-Boot bei Grönland mit Wasserbomben bekämpft habe.

Am 14. Juni erfolgt wieder völkerrechtswidrig die

Sperrung der deutschen Guthaben in den Vereinigten Staaten. Am 17. Juni verlangt Präsident Roosevelt unter verlogenen Vorwänden die Zurückziehung der deutschen Konsuln und Schließung der deutschen Konsulate. Er verlangt weiter die Schließung der deutschen Presseagentur »Transocean«, der deutschen Informationsbibliothek und der deutschen Reichsbahnzentrale. Am 6. bis 7. Juli erfolgt die Besetzung des in der deutschen Kampfzone gelegenen Island auf den Befehl Roosevelts durch amerikanische Streitkräfte. Er hofft dadurch nun bestimmt:

1. Deutschland endlich zum Kriege zu zwingen,
2. ansonsten den deutschen U-Bootkrieg genau so wertlos zu machen, ähnlich wie im Jahre 1915–1916.

Zur gleichen Zeit schickt er ein amerikanisches Hilfsversprechen an die Sowjet-Union ab. Am 10. Juli gibt plötzlich der Marineminister Knox bekannt, daß die USA einen Schießbefehl gegen die Achsenmächte besitze. Am 4. September operiert der USA-Zerstörer »Greer« entsprechend dem ihm gegebenen Befehl mit englischen Flugzeugen gegen deutsche U-Boote im Atlantik. Fünf Tage später stellt ein deutsches U-Boot USA-Zerstörer als Geleitfahrzeuge im englischen Convoy fest. Am 11. September endlich hält Roosevelt jene Rede, in der er selbst den Befehl zum Schießen gegen alle Achsenschiffe bestätigt und neu erteilt. Am 29. September greifen USA-Bewacher ein deutsches U-Boot östlich Grönland mit Wasserbomben an. Am 17. Oktober bekämpft jener USA-Zerstörer »Kaerny« im Geleitschutz für England wieder ein deutsches U-Boot mit Wasserbombcn, und am 6. November endlich kapern USA-Streitkräfte völkerrechtswidrig den deutschen Dampfer »Odenwald«, schleppen ihn in einen amerikanischen Hafen und setzen die Besatzung gefangen.

Die beleidigenden Angriffe und Anflegelungen dieses sogenannten Präsidenten gegen mich persönlich will ich dabei als belanglos übergehen. Daß er mich einen Gangster nennt, ist um so gleichgültiger, als dieser Begriff wohl mangels derartiger Subjekte nicht aus Europa, sondern aus den USA stammt.

Aber abgesehen davon kann ich von Herrn Roosevelt überhaupt nicht beleidigt werden, denn ich halte ihn so wie einst Woodrow Wilson ebenfalls für geisteskrank. Daß dieser Mann mit seinem jüdischen Anhang mit den gleichen Mitteln gegen Japan kämpft, ist uns bekannt. Ich brauche sie hier nicht zur Sprache zu bringen. Auch hier sind dieselben Methoden zur Anwendung gekommen. Erst hetzt dieser Mann zum Krieg, dann fälscht er die Ursachen, stellt willkürliche Behauptungen auf, hüllt sich dann in widerwärtiger Weise ein in eine Wolke christlicher Heuchelei und führt so langsam aber sicher die Menschheit dem Krieg entgegen, nicht ohne dann als alter Freimaurer dabei Gott zum Zeugen anzurufen für die Ehrbarkeit seines Handelns.

Ich glaube, Sie alle werden es als eine Erlösung empfunden haben, daß nunmehr endlich ein Staat als erster gegen diese in der Geschichte einmalige und unverschämte Mißhandlung der Wahrheit und des Rechtes zu jenem Protest schritt, den dieser Mann ja gewünscht hat und über den er sich daher jetzt nicht wundern darf. Daß die japanische Regierung es nach jahrelangem Verhandeln mit diesem Fälscher endlich satt hatte, sich noch weiter in so unwürdiger Weise verhöhnen zu lassen, erfüllt uns alle, das deutsche Volk und, ich glaube, auch die übrigen anständigen Menschen auf der ganzen Welt, mit einer tiefen Genugtuung.

Wir wissen, welche Kraft hinter Roosevelt steht. Es ist jener ewige Jude, der seine Zeit als gekommen erachtet, um das auch an uns zu vollstrecken, was wir in Sowjet-Rußland alle schaudernd sehen und erleben mußten. Wir haben das jüdische Paradies auf Erden nunmehr kennengelernt. Millionen deutscher Soldaten haben den persönlichen Einblick gewinnen können in ein Land, in dem dieser internationale Jude Mensch und Gut zerstörte und vernichtete. Der Präsident der Vereinigten Staaten mag das vielleicht selbst nicht begreifen. Dann spricht das nur für seine geistige Beschränktheit.

Wir aber wissen, daß dies Ziel seines ganzen Kampfes ist: Auch wenn wir nicht im Bündnis mit Japan stünden, wären wir uns darüber im klaren, daß es die Absicht der Juden und ihres Franklin Roosevelt ist, einen Staat nach dem anderen allein zu vernichten. Das heutige Deutsche Reich hat aber nun nichts mehr gemein mit dem Deutschland von einst. Wir werden daher auch von unserer Seite nun das tun, was dieser Provokateur seit Jahren zu erreichen versuchte. Nicht nur, weil wir Verbündete von Japan sind, sondern weil Deutschland und Italien in ihrer derzeitigen Führung genügend Einsicht und Stärke besitzen, um zu begreifen, daß in dieser historischen Zeit das Sein oder Nichtsein der Nationen bestimmt wird, vielleicht für immer. Was diese andere Welt mit uns vorhat, ist uns klar. Sie haben das demokratische Deutschland von einst zum Verhungern gebracht, sie würden das nationalsozialistische Deutschland von jetzt ausrotten. Wenn Herr Churchill oder Herr Roosevelt erklären, daß sie dann später eine neue soziale Ordnung aufbauen wollen, dann ist das ungefähr so, als wenn ein Friseur mit kahlem Kopf ein untrügliches Haarwuchsmittel empfiehlt. Die Herren, die in den sozial rückständigen Staaten leben, hätten, statt für Kriege zu hetzen, sich um ihre Erwerbslosen kümmern sollen. Sie haben in ihren Ländern Not und Elend genug, um sich dort im Sinne einer Verteilung von Lebensmitteln zu beschäftigen. Was das deutsche Volk betrifft, so braucht es weder von Herrn Churchill noch von einem Herrn Roosevelt Almosen, sondern es will sein Recht. Und dieses Recht zum Leben wird es sich sicherstellen, auch wenn tausend Churchills sich dagegen verschwören wollten. Dieses Volk hier hat nun eine fast 2000jährige Geschichte hinter sich. Es war in dieser langen Zeit noch nie so einig und geschlossen wie es heute ist, dank der nationalsozialistischen Bewegung für alle Zukunft es auch sein wird. Es war aber auch vielleicht noch nie so hellsehend und selten so ehrbewußt.

Ich habe daher heute dem amerikanischen Geschäftsträger die Pässe zustellen lassen und ihm folgendes eröffnen lassen:

Im Verfolg der immer weiteren Ausdehnung einer auf unbegrenzte Weltherrschaftsdiktatur gerichteten Politik des Präsidenten Roosevelt sind die Vereinigten Staaten von Amerika im Verein mit England vor keinem Mittel zurückgewichen, um dem deutschen, dem italienischen und auch dem japanischen Volk die Voraussetzungen ihrer natürlichen Lebenserhaltung zu bestreiten. Die Regierungen Englands und der Vereinigten Staaten von Amerika haben sich aus diesem Grunde nicht nur für die Gegenwart, sondern auch für alle Zukunft jeder berechtigten Revision zur Herbeiführung einer besseren Neuordnung der Welt entgegengesetzt.

Seit Kriegsbeginn hat sich der amerikanische Präsident Roosevelt in steigendem Maße völkerrechtswidrige Verbrechen zuschulden kommen lassen. Gesetzlose Übergriffe auf Schiffe und sonstiges Eigentum deutscher und italienischer Staatsbürger verbanden sich mit der Bedrohung, ja der willkürlichen Beraubung der persönlichen Freiheit der Betroffenen durch Internierung usw. Die sich auch sonst weiter verschärfenden Angriffe des Präsidenten der Vereinigten Staaten Roosevelt führten soweit, daß er der amerikanischen Marine den Befehl erteilte, entgegen allen Völkerrechtsbestimmungen, Schiffe deutscher und italienischer Nationalität überall sofort anzugreifen, zu beschießen und sie zu versenken. Amerikanische Minister haben sich auch auf diese verbrecherische Weise betätigt, indem sie durch ihre Hetze deutsche U-Boote vernichtet haben. Deutsche und italienische Handelsschiffe wurden von amerikanischen Kreuzern überfallen, gekapert und ihre friedlichen Besatzungen in Gefängnisse geführt. Ohne jeden Versuch einer amtlichen Widerlegung von seiten der amerikanischen Regierung wurde aber darüber hinaus nunmehr in Amerika der Plan des Präsidenten Roosevelt veröffentlicht, spätestens im Jahre 1943 Deutschland und Italien mit militärischen Machtmitteln in Europa selbst angreifen zu wollen.

Dadurch ist das aufrichtige und von beispielloser Langmut zeugende Bestreben Deutschlands und Ita-

197

liens, trotz der seit Jahren erfolgten unerträglichen Provokationen durch den Präsidenten Roosevelt eine Erweiterung des Krieges zu verhüten und die Beziehungen zu den Vereinigten Staaten aufrechtzuerhalten, zum Scheitern gebracht worden.

Deutschland und Italien haben demgegenüber sich nunmehr endlich gezwungen gesehen, getreu den Bestimmungen des Dreimächtepaktes vom 27. September 1940 Seite an Seite mit Japan den Kampf zur Verteidigung und damit Erhaltung der Freiheit und Unabhängigkeit ihrer Völker und Reiche gegen die Vereinigten Staaten von Amerika und England gemeinsam zu führen. Die drei Mächte haben deshalb das folgende Abkommen abgeschlossen und am heutigen Tage in Berlin unterzeichnet:

In dem unerschütterlichen Entschluß, die Waffen nicht niederzulegen, bis der gemeinsame Krieg gegen die Vereinigten Staaten von Amerika und England zum erfolgreichen Ende geführt worden ist, haben sich die deutsche Regierung, die italienische und die japanische Regierung über folgende Bestimmungen geeinigt:

Artikel 1

Deutschland, Italien und Japan werden den ihnen von den Vereinigten Staaten von Amerika und England aufgezwungenen Krieg mit allen ihnen zu Gebote stehenden Machtmitteln gemeinsam bis zum siegreichen Ende führen.

Artikel 2

Deutschland, Italien und Japan verpflichten sich, ohne volles gegenseitiges Einverständnis weder mit den

Vereinigten Staaten von Amerika noch mit England Waffenstillstand oder Frieden zu schließen.

Artikel 3
Deutschland, Italien und Japan werden auch nach siegreicher Beendigung des Krieges zum Zeichen der Herbeiführung einer gerechten Neuordnung im Sinne des von ihnen am 27. September 1940 abgeschlossenen Dreimächtepaktes auf das engste zusammenarbeiten.

Artikel 4
Dieses Abkommen tritt sofort mit seiner Unterzeichnung in Kraft und bleibt ebensolange wie der Dreimächtepakt vom 27. September 1940 in Geltung. Die hohen vertragschließenden Teile werden sich rechtzeitig vor Ablauf dieser Geltungsdauer über die Gestaltung ihrer im Artikel 3 dieses Abkommens vorgesehenen Zusammenarbeit verständigen.

Abgeordnete! Männer des deutschen Reichstags!
Wir sind uns schon seit der Ablehnung meines letzten Friedensvorschlages vom Juli 1940 im klaren, daß dieser Kampf bis zur letzten Konsequenz durchgekämpft werden muß. Daß sich die angelsächsisch-jüdisch-kapitalistische Welt mit dem Bolschewismus dabei in einer Front befindet, ist für uns Nationalsozialisten keine Überraschung. Wir haben sie im Innern stets in der gleichen Gemeinschaft gefunden, allein wir haben diesen Kampf im Innern erfolgreich bestanden und unsere Gegner endlich nach 14jährigem Ringen um die Macht vernichtet.
Als ich mich vor 23 Jahren entschloß, in das politische

Leben einzutreten, um die Nationen aus ihrem Verfall wieder emporzuführen, war ich ein namenloser, unbekannter Soldat. Viele unter Ihnen wissen, wie schwer die ersten Jahre dieses Kampfes gewesen sind. Der Weg der kleinen Bewegung von sieben Mann bis zur Übernahme der verantwortlichen Regierung am 30. Januar 1933 war ein so wundersamer, daß nur die Vorsehung selbst durch ihren Segen dies ermöglicht haben kann.

Heute stehe ich an der Spitze des stärksten Heeres der Welt, der gewaltigsten Luftwaffe und einer stolzen Marine. Hinter mir und um mich als eine verschworene Gemeinschaft weiß ich die Partei, mit der ich groß geworden bin und die durch mich groß geworden ist. Die Gegner, die ich vor mir sehe, sind die bekannten Feinde seit über 20 Jahren. Allein der Weg, der vor mir liegt, ist nicht zu vergleichen mit dem Weg, auf den ich zurückblicken kann. Das deutsche Volk steht in der Erkenntnis der entscheidenden Stunde seines Daseins. Millionen von Soldaten erfüllen unter den schwersten Bedingungen gehorsam und treu ihre Pflicht.

Bauern und Arbeiter, deutsche Frauen und Mädchen stehen in den Fabriken und Kontoren, auf den Feldern und Äckern und schaffen im Schweiße ihres Angesichts der Heimat das Brot und der Front die Waffen. Mit uns im Bunde sind starke Völker, die von der gleichen Not gequält, die gleichen Feinde vor sich finden. Der amerikanische Präsident und seine plutokratische Clique haben uns als die Völker der Habenichtse getauft. Das ist richtig! Die Habenichtse aber wollen leben, und sie werden auf alle Fälle erreichen, daß das wenige, das sie zum Leben haben, ihnen nicht auch noch von den Besitzenden geraubt wird. Sie kennen, meine Parteigenossen, meine unerbittliche Entschlossenheit, einen einmal begonnenen Kampf bis zum erfolgreichen Ende zu führen. Sie kennen meinen Willen, in so einem Kampf vor nichts zurückzuscheuen, alle Widerstände zu brechen, die gebrochen werden müssen.

Ich habe Ihnen in meiner ersten Rede am 1. September 1939 versichert, daß in diesem Krieg weder Waffengewalt noch Zeit Deutschland niederzwingen werden. Ich will meinen Gegnern auch versichern, daß uns nicht nur die Waffengewalt oder die Zeit nicht bezwingen werden, sondern, daß uns auch kein innerer Zweifel wankend machen kann in der Erfüllung unserer Pflicht. Wenn wir an die Opfer unserer Soldaten denken, an ihren Einsatz, dann ist jedes Opfer der Heimat gänzlich belanglos und unbedeutend. Wenn wir aber die Zahl all jener uns überlegen, die in den Generationen schon vor uns für des deutschen Volkes Bestehen und Größe gefallen sind, dann wird uns erst recht die Größe der Pflicht bewußt, die auf uns selbst lastet.

Wer aber dieser Pflicht sich zu entziehen beabsichtigt, der hat keinen Anspruch darauf, in unserer Mitte als Volksgenosse bewertet zu werden.

So wie wir mitleidlos hart gewesen sind im Kampf um die Macht, werden wir genauso mitleidlos und hart sein im Kampf um die Erhaltung unseres Volkes, in dem Tausende unserer besten Männer, Väter und Söhne unseres Volkes fallen, soll keiner mit dem Leben rechnen, der in der Heimat die Opfer der Front entwerten will. Ganz glcich, unter welchen Tarnungen jemals der Versuch gemacht werden würde, diese deutsche Front zu stören, den Widerstandswillen unseres Volkes zu untergraben, die Autorität des Regimes zu schwächen, die Leistungen der Heimat zu sabotieren: Der Schuldige wird fallen! Nur mit einem Unterschied, daß der Soldat an der Front dieses Opfer in höchster Ehre bringt, während der andere, der dieses Ehrenopfer entwertet, in Schande stirbt. Unsere Gegner sollen sich nicht täuschen. In den 2000 Jahren der uns bekannten deutschen Geschichte ist unser Volk niemals geschlossener und einiger gewesen als heute. Der Herr der Welten hat so Großes in den letzten Jahren an uns getan, daß wir in Dankbarkeit uns vor einer Vorsehung verneigen, die uns gestattet hat, Angehörige eines so großen Volkes sein zu dürfen. Wir danken ihm, daß wir angesichts der früheren und kommenden Generationen des deutschen Volkes auch uns in Ehre eintragen können in das unvergängliche Buch der deutschen Geschichte!« (DNB v. 11.12.1941)

Einer der Berichte des Polnischen Botschafters in Washington, Grafen Jerzi Potocki, an den Polnischen Außenminister in Warschau, die Hitler in seiner Rede vor dem Deutschen Reichstag am 11. Dezember 1941 erwähnt hat, trägt das Datum vom 12. Januar 1939 (Auswärtiges Amt 1940 Nr. 3, Polnische Dokumente zur Vorgeschichte des Krieges, Erste Folge, Berlin 1940, S. 15). Er hat folgenden Wortlaut:

AMBASADA
RZECZYPOSPOLITEJ POLSKIEJ
W WASZYNGTONIE

Nr 3/SZ-tjn-3

W sprawie sytuacji wewnętrznej
Stanów Zjednoczonych.
- - - - - - - - -

WASZYNGTON, DN 12/I.1939r.
2640 sixteenth street n. w.

T A J N E

Pana Ministra Spraw Zagranicznych

w W a r s z a w i e .

1

Nastroje, jakie obecnie panują w Stanach Zjednoczonych
potęgowane są coraz większą nienawiścią do faszyzmu, a przede
wszystkiem do osoby Kanclerza Hitlera oraz do wszystkiego co
tchnie nazizmem. . Propaganda urabiana jest w pierwszym miejsco
przez czynniki żydowskie, które mają w swoich rękach nieomal
w stu procentach radio oraz wytwórnie filmowe, jak również
przez prasę oraz tygodniki. Mimo tego, że propaganda jest
szyta grubymi nićmi i że przedstawia Niemcy w świetle jak naj
bardziej ujemnym, wyzyskując głównie prześladowania religijne
i obozy koncentracyjne, to jednak dzięki ignorancji tutejszeg
społeczeństwa, nieobeznanego zupełnie z sytuacją w Europie,
działa ona w sposób tak przenikliwy, iż obecnie większość na-
rodu amerykańskiego uważa Kanclerza Hitlera oraz nazizm za na
większe zło i niebezpieczeństwo jakie zawisło nad światem.

Sytuacja w tutejszym kraju stwarza doskonałe forum dla
wszelkiego rodzaju mowców oraz dla uchodźców z Niemiec i Cze-
chosłowacji, którzy nie szczędzą słów by drogą różnych kalumn
podburzać tutejsze społeczeństwo, gloryfikując wolność amery-
kańską w przeciwstawieniu do reżimów totalitarnych. Znamienn
i ciekawym faktem jest, że w całej tej bardzo pomysłowej kam-
panii prowadzonej głównie przeciwko nazizmowi, eliminowana
jest zupełnie Rosja Sowiecka, a jeśli jakakolwiek wzmianka o
niej jest wypowiedziana, to zawsze w formie przyjaznej, na to
by wzbudzić wrażenie, iż Sowiety łączą się z blokiem państw
demokratycznych. Sympatie również społeczeństwa amerykańskie

dzięki umiejętnej propagandzie, są po stronie czerwonej Hiszpanii.

Oprócz wyżej omówionej propagandy, wytwarzana jest sztuczna psychoza wojenna, która wmawia w naród amerykański, że pokój w Europie wisi na włosku, i że wojna jest nieunikniona, przy czym niedwuznacznie daje się społeczeństwu do zrozumienia, że Ameryka wrazie wojny światowej będzie zmuszona wystąpić czynnie w obronie haseł wolności i demokracji świata.

Prezydent Roosevelt był pierwszym który otwarcie rzucił hasło nienawiści do faszyzmu. Prezydent miał w tym podwójny cel: 1) chciał odwrócić uwagę społeczeństwa amerykańskiego od zawiłych i ciężkich problemów wewnętrznych, a głównie od problemu walki świata kapitalistycznego z obozem pracy; 2) przez wytworzenie nastrojów wojennych i niebezpieczeństwa grożącego Europie, chciał zmusić społeczeństwo amerykańskie do aprobaty olbrzymiego programu dozbrojeniowego Ameryki, któ_y przekracza potrzeby defenzywne Stanów Zjednoczonych.

Co do punktu pierwszego, to można powiedzieć, że sytuacja wewnętrzna na rynku pracy stale się pogarsza. Ilość bezrobotnych dochodzi obecnie do 12 milionów, a przerost w administracji stanowej i państwowej z dniem każdym się podnosi. Tylko dzięki miliardowym sumom, które Skarb Stanów Zjednoczonych rzucił na zatrudnienie bezrobotnych, utrzymany jest pewien stan spokoju, który - jak dotąd - nie przekroczył ram zwykłych strajków lub lokalnych zaburzeń. Jak długo jednak w przyszłości będzie można utrzymać ten stan pomocy finansowej państwa, jest rzeczą trudną do przewidzenia. Rozognienie i wzburzenie wśród opinii publicznej, a przede wszystkim głębokie zatargi pomiędzy przedsiębiorstwami prywatnymi i olbrzymimi trustami, a rzeszą robotniczą, przysporzyły Roosevelt'owi wielu wrogów i wiele nieprzespanych nocy.

Co do punktu drugiego, to Prezydent Roosevelt, jako dosk·
naly gracz polityczny i znawca psychologii amerykańskiej, od-
wrócił w krótkim czasie uwagę społeczeństwa amerykańskiego od
trudnej sytuacji wewnętrznej na szerokie wody polityki zagranicznej. Trasa była łatwa, trzeba było tylko odpowiednio spre-
parować z jednej strony groźbę wojenną, która zawisła nad światem z powodu Kanclerza Hitlera, a z drugiej strony stworzyć
widmo niebezpieczeństwa agresji państw totalitarnych na Stany
Zjednoczone. Pakt Monachijski przyszedł Prezydentowi Roosevelt'owi z wielką pomocą. Przedstawiany tu był jako kapitula-
cja Francji i Wielkiej Brytanii przed wojującym militaryzmem
niemieckim, i - jak się tu potocznie mówi - Hitler przyłożył
Chamberlain'owi pistolet do głowy, tak, że Francja i Wielka
Brytania nie miały innego wyjścia jak tylko zawrzeć haniebny
pokój. Następnie brutalne traktowanie żydów w Niemczech i
problem uchodźców podsyca stale istniejącą nienawiść do wszystkiego co ma coś wspólnego z niemieckim nazizmem. W wielkiej
mierze przyczynili się do tego poszczególni żydowscy intelek-
tualiści, którzy złączeni są z Prezydentem Roosevelt'em węzłami
przyjaźni, tak jak Bernard Baruch. Gubernator stanu New York
Lehman, nowomianowany Sędzia Sądu Najwyższego Felix Frankfurter, Sekretarz Skarbu Morgenthau i inni, chcą zrobić z Prezydenta szampiona praw człowieka, wolności religii i słowa, jako
też tego, który w przyszłości ukarać musi mącicieli pokoju.
Ta grupa ludzi, zajmujących najwyższe stanowiska w rządzie ame-
rykańskim, pragnie uchodzić za przedstawicieli prawdziwego
"amerykanizmu", oraz "obrońców demokracji", przy tym jednak
złączona jest nierozerwalnymi więzami z międzynarodowym społe-
czeństwem żydowskim. Dla tej międzynarodówki żydowskiej, która

ma głównie swoje interesy rasowe na celu, wywyższenie Prezydenta Stanów Zjednoczonych na to "najidealniejsze" stanowisko obrońcy praw człowieka, było genialnym pociągnięciem, a zarazem stworzeniem bardzo niebezpiecznego ogniska nienawiści na tym kontynencie, oraz podziału świata na dwa wrogie obozy. Przy tym ujęto całość w misterną robotę: stworzono Roosevelt'owi podstawy do aktywizacji polityki zagranicznej Stanów i do stworzenia tą drogą olbrzymich zasobów militarnych dla przyszłej rozgrywki wojennej, do której żydzi świata dążą z całą świadomością. Dla użytku wewnętrznego, odwraca się uwagę społeczeństwa od wzrastającego w Ameryce antysemityzmu, wpajając konieczność obrony wiary i wolności indywidualnej przed zakusami agresywnego faszyzmu.

Jerzy Potocki
Ambasador R. P.

OTRZYMUJĄ:
Pan Minister Spraw Zagr.
Sz. - P. II.
" - G. M.
" - P. I.
Ambasada - Londyn
"   - Paryż
"   - Berlin.

Bericht des Polnischen Botschafters in Washington, Grafen Jerzi Potocki, an den Polnischen Außenminister in Warschau vom 12. Januar 1939

Deutsche Übersetzung des vorstehenden Faksimile

Botschaft   Washington, den 12. Januar 1939.
der Republik Polen
in Washington   **G e h e i m !**
Nr. 3/SZ-tjn-3.

Betr.: Innerpolitische Lage in USA. (Die Stimmung
gegen Deutschland, Judenfrage)

An den
    Herrn A u ß e n m i n i s t e r
        in Warschau

Die Stimmung, die augenblicklich in den Vereinigten Staaten herrscht, zeichnet sich durch einen immer zunehmenden Haß gegen den Faschismus aus, besonders gegen die Person des Kanzlers Hitler und überhaupt gegen alles, was mit dem Nationalsozialismus zusammenhängt. Die Propaganda ist vor allem in jüdischen Händen, ihnen gehört fast zu 100 Prozent das Radio, der Film, die Presse und Zeitschriften. Obgleich diese Propaganda sehr grob gehandhabt wird und Deutschland so schlecht wie möglich hinstellt – man nutzt vor allem die religiösen Verfolgungen und die Konzentrationslager aus –, wirkt sie doch so gründlich, da das hiesige Publikum vollständig unwissend ist und keine Ahnung hat von der Lage in Europa. Augenblicklich halten die meisten Amerikaner den Kanzler Hitler und den Nationalsozialismus für das größte Übel und die größte Gefahr, die über der Welt schwebt.

Die Lage hierzulande bildet ein ausgezeichnetes Forum für alle Art Redner und für die Emigranten aus Deutschland und der Tschechoslowakei, die an Worten nicht sparen, um durch die verschiedensten Verleumdungen das hiesige Publikum aufzuhetzen. Sie preisen die amerikanische Freiheit an, im Gegensatz zu den totalen Staaten. Es ist sehr interessant, daß in dieser sehr gut durchdachten Kampagne, die hauptsächlich gegen den Nationalsozialismus geführt wird, Sowjetrußland fast ganz ausgeschaltet ist. Wenn es überhaupt erwähnt wird, so tut man es in freundlicher Weise und stellt die Dinge so dar, als ob Sowjetrußland mit dem Block der demokratischen Staaten zusammenginge. Dank einer geschickten Propaganda ist die Sympathie des amerikanischen Publikums ganz auf seiten des Roten Spaniens.

Außer dieser Propaganda wird auch noch künstlich eine Kriegspsychose geschaffen: Es wird dem amerikanischen Volk eingeredet, daß der Frieden in Europa nur noch an einem Faden hängt, ein Krieg sei unvermeidlich. Dabei wird dem amerikanischen Volke unzweideutig klargemacht, daß Amerika, im Falle eines Weltkrieges auch aktiv vorgehen müßte, um die Losungen von Freiheit und Demokratie in der Welt zu verteidigen.

Der Präsident Roosevelt war der erste, der den Haß zum Faschismus zum Ausdruck brachte. Er verfolgte dabei einen doppelten Zweck: 1. Er wollte die Aufmerksamkeit des amerikanischen Volkes von den innerpolitischen Problemen ablenken, vor allem vom Problem des Kampfes zwischen Kapital und Arbeit. 2.

210

Durch die Schaffung einer Kriegsstimmung und die Gerüchte einer Europa drohenden Gefahr wollte er das amerikanische Volk dazu veranlassen, das enorme Aufrüstungsprogramm Amerikas anzunehmen, denn es geht über die Verteidigungsbedürfnisse der Vereinigten Staaten hinaus.

Zu dem ersten Punkt muß man sagen, daß die innere Lage auf dem Arbeitsmarkt sich dauernd verschlechtert, die Zahl der Arbeitslosen beträgt heute schon 12 Millionen. Die Ausgaben der Reichs- und Staatsverwaltung nehmen täglich größere Ausmaße an. Nur die großen Milliardensummen, die der Staatsschatz für die Notstandsarbeiten ausgibt, erhalten noch eine gewisse Ruhe im Lande. Bisher kam es nur zu den üblichen Streiks und lokalen Unruhen. Wie lange aber diese Art staatlicher Beihilfe durchgehalten werden kann, kann man heute nicht sagen. Die Aufregung und Empörung der öffentlichen Meinung und die schweren Konflikte zwischen den Privatunternehmungen und enormen Trusts einerseits und der Arbeiterschaft andererseits, haben Roosevelt viele Feinde geschaffen und bringen ihm viele schlaflose Nächte.

Zum zweiten Punkt kann ich nur sagen, daß der Präsident Roosevelt als geschickter politischer Spieler und als Kenner der amerikanischen Psychologie die Aufmerksamkeit des amerikanischen Publikums sehr bald von der innerpolitischen Lage abgelenkt hat, um es für die Außenpolitik zu interessieren. Der Weg war ganz einfach, man mußte nur von der einen Seite die Kriegsgefahr richtig inszenieren, die wegen des Kanzlers Hitler über der Welt hängt, andererseits mußte man ein Gespenst schaffen, das von einem Angriff der totalen Staaten auf die Vereinigten Staaten faselt. Der

Münchener Pakt ist dem Präsidenten Roosevelt sehr gelegen gekommen. Er stellte ihn als eine Kapitulation Frankreichs und Englands vor dem kampflustigen deutschen Militarismus hin. Wie man hier zu sagen pflegt, hat Hitler Chamberlain die Pistole auf die Brust gesetzt. Frankreich und England hatten also gar keine Wahl und mußten einen schändlichen Frieden schließen.

Ferner ist das brutale Vorgehen gegen die Juden in Deutschland und das Emigrantenproblem, die den herrschenden Haß immer neu schüren gegen alles, was irgendwie mit dem deutschen Nationalsozialismus zusammhängt. An dieser Aktion haben die einzelnen jüdischen Intellektuellen teilgenommen, z. B. Bernard Baruch, der Gouverneur des Staates New York, Lehmann, der neuernannte Richter des Obersten Gerichts Felix Frankfurter, der Schatzsekretär Morgenthau und andere, die mit dem Präsidenten Roosevelt persönlich befreundet sind. Sie wollen, daß der Präsident zum Vorkämpfer der Menschenrechte wird, der Religions- und Wortfreiheit, und er soll in Zukunft die Unruhestifter bestrafen. Diese Gruppe von Leuten, die die höchsten Stellungen in der amerikanischen Regierung einnehmen und die sich zu den Vertretern des »wahren Amerikanismus« und als »Verteidiger der Demokratie« hinstellen möchten, sind im Grunde doch durch unzerreißbare Bande mit dem internationalen Judentum verbunden. Für diese jüdische Internationale, die vor allem die Interessen ihrer Rasse im Auge hat, war das Herausstellen des Präsidenten der Vereinigten Staaten auf diesen »idealsten« Posten eines Verteidigers der Menschenrechte ein genialer Schachzug. Sie haben auf diese Weise einen sehr gefährlichen Herd für Haß und Feindseligkeit auf dieser Halbkugel geschaffen und haben die Welt in zwei feindliche Lager geteilt. Das Ganze ist als meisterhafte Arbeit aufgemacht worden: Roosevelt sind die Grundlagen in die Hand gegeben worden, um die Außenpolitik Amerikas zu beleben und auf diesem Wege zugleich die kolossalen militärischen Vorräte zu schaffen für den künftigen Krieg, dem die Juden mit vollem Bewußtsein zustreben. Innerpolitisch ist es sehr bequem, die Aufmerksamkeit des Publikums von dem in Amerika immer zunehmenden Antisemitismus abzulenken, indem man von der Notwendigkeit spricht, Glauben und individuelle Freiheit vor den Angriffen des Faschismus zu verteidigen.

Jerzy Potocki
der Botschafter der Republik Polen

Der folgende Bericht des polnischen Botschafters in Washington an seine Regierung in Warschau vom 16. Januar 1939 ist im Zusammenhang mit der Garantieerklärung Großbritanniens für Polen vom 31. März 1939 und der Rede zu sehen, die Stalin auf dem XVIII. Parteitag der KPdSU (B) am 10. März 1939 in Moskau gehalten hat und in der er die Westmächte, also die Vereinigten Staaten, Großbritannien und Frankreich als »Kriegshetzer« bezeichnete. Diese Rede Stalins ist auszugsweise auf den S. 96 ff. meiner Dokumentation »Der Fall Rudolf Hess 1941–1984« abgedruckt.

AMBASADA
RZECZYPOSPOLITEJ POLSKIEJ
W WASZYNGTONIE
—
POLISH EMBASSY
WASHINGTON
2640-16TH STREET, N. W.

3/SZ-tjn-4

W sprawie rozmowy z Ambasadorem Bullitt'em.
- - - - - - - - - -

16-go stycznia 1939r.

I/M 720

T A J N E .

Do

Pana Ministra Spraw Zagranicznych

w W a r s z a w i e .

1

Przedwczoraj odbyłem dłuższą rozmowę z Ambasadorem Bullitt'em, który przyjechał mnie odwiedzić w Ambasadzie. Bullitt wyjeżdża do Paryża 21-go b.m., po prawie 3-miesięcznej
niebytności na placówce, z pełnym "bagażem" instrukcyj, rozmów
i dyrektyw od Prezydenta Roosevelt'a, Departamentu Stanu oraz
senatorów należących do Komisji Spraw Zagranicznych.

Z rozmowy z Bullitt'em odniosłem wrażenie, że otrzymał
on od Prezydenta Roosevelt'a wyraźne określenie stanowiska Stanów Zjednoczonych w obecnym kryzysie europejskim które ma przed-
stawić na Quai d'Orsay oraz zużytkować do rozmów z mężami stanu
Europy. Treść tych dyrektyw, które mi Bullitt w swej pół-go-.
dzinnej rozmowie przytoczył, jest następująca: 1) aktywizacja
polityki zagranicznej pod przewodnictwem Prezydenta Roosevelt'a,
która w sposób niedwuznaczny i ostro potępia państwa totalitar-
ne; 2) przygotowania wojenne Stanów Zjednoczonych na morzu,
lądzie i w powietrzu, które będą przeprowadzone w przyspieszo-
nym tempie i pochłoną olbrzymią sumę $1,250,000,000; 3) zde-
cydowany pogląd Prezydenta by Francja i Wielka Brytania za-
przestały wszelkiej polityki kompromisów z państwami totalny-
mi i nie wchodziły z nimi w żadne próby dyskusji które miałyby
na celu jakiekolwiek zmiany terytorialne; 4) zapewnienie mo-
ralne, że Stany Zjednoczone odchodzą od polityki izolacji, a
gotowe są wrazie wojny czynnie wystąpić po stronie Wielkiej
Brytanii i Francji, oddając cały swój materiał finansowy i su-

rowcowy do ich dyspozycji.

Na zapytanie moje, jakie horoskopy przewiduje Bullitt na r. 1939, odpowiedział mi, że przewiduje z wiosną b.r. niebezpieczenstwo konfliktu pomiędzy Francją a Italią na tle problemu kolonialnego. Uważa on, że zwycięstwo lojalistów w Hiszpanii postawi Francję w bardzo ciężkim położeniu, gdyż będzie ona wtedy okolona ze wszystkich stron państwami faszystowskimi, i że wtedy Mussolini wystąpi z całą stanowczością i grozić będzie Francji wojną.

Na moje zapytanie, czy Niemcy zechcą Mussolini'emu w takiej enterpryzie dopomóc, - odpowiedział Bullitt, że według jego zdania, wątpliwym jest by Hitler oprócz moralnego poparcia dał się namówić na czynne wzięcie udziału, gdyż wtedy, rzecz oczywista, wojna światowa byłaby nieunikniona.

Bullitt z całą stanowczością twierdził, że Francji nie wypada wogóle wohodzić w żadne układy z Mussolini'm, i że Francja, której sytuacja od kilku miesięcy znacznie się poprawiła, sama nawet mogłaby, wrazie niesprowokowanego ataku ze strony włoskiej, wojska i flotę italską rozgromić. Określił postępowanie Mussolini'ego jako zwykły "gangsteryzm" i szantaż, przy czym dawał do zrozumienia, że jednak pomiędzy Hitlerem a Mussolini'm jako dyktatorami jest wielka różnica, i że w porównaniu do Hitlera, Mussolini jest tylko "małym bandytą".

W dalszym ciągu rozmowy Bullitt przeszedł do omówienia kwestii Wschodniej Europy oraz Niemiec. Oświadczył przy tym, że polityka zagraniczna Polski, pod znakomitym kierownictwem Pana Ministra, zdała egzamin ze swej celowości, i że z kryzysu jesiennego wyszła nietylko obronną ręką, ale też zwycięsko.

Zapytał mnie zaraz o stosunki pomiędzy Polską a Sowieta~'

i o sens odnowienia paktu nieagresji między Polską a Rosją.

Odpowiedziałem, że wszystko to, co prasa pisała w sprawie Rosji, to były tylko dowolne domysły, że odnowienie paktu nieagresji z Sowietami było koniecznością chwili po kryzysie czeskim gdy stosunki pomiędzy Polską a Sowietami zaczynały ulegać pewnemu zepsuciu. Było to jedynie postawienie kropki nad i, ale ani wyżej, ani niżej; tylko tak, aby stosunki wypaczone zajściami znowu wyprostować.

W sprawie układu handlowego z Sowietami, o który się pytał, odpowiedziałem, że był on do pewnego stopnia następstwem zajęcia przez nas Zaolzia i wielkich hut, które zmusiły Polskę do szukania nowych rynków zbytu i które częściowo Polska znalazła w Sowietach.

Co do Rosji Sowieckiej, Bullitt odnosił się z wyraźną niechęcia i lekceważeniem.

Mówił dalej, że nie przewiduje, aby Niemcy chciały obecnie agresywnie występować w Europie Wschodniej, gdyż Polska jest zbyt silna z jednej strony, a z drugiej, t.zn. z Węgrami, Rumunią i Jugosławią, sprawa jest jeszcze niewyjaśniona i wymaga dopiero umocnienia pozycji i przygotowania terenu. Jednak - mówił dalej - jestem przekonany, że Niemcy swój plan podboju Ukrainy przeprowadzą, ale dopiero w r. 1940.

Nie wdawałem się z Bullitt'em w dyskusje na ten postawiony przez niego axiomat; zapytałem się jednak czy, gdyby sytuacja taka miała nastąpić, - mocarstwa zachodnie wystąpiłyby czynnie, i czy zaatakowałyby Rzeszę w rzekomej obronie Rosji Sowieckiej.

Bullitt odpowiedział, że państwa demokratyczne przekreśliły raz na zawsze wszelkie urojone interwencje zbrojne w kierunku zabezpieczenia jakiegokolwiek państwa, któreby miało się stać pastwą agresji niemieckiej.

Jerzy Potocki
Ambasador R. P.

ZYMUJĄ:
Minister
praw Zagr.
- P. II.
- G. M.
- P. I.
asady:
ndyn
aryż
rlin

Bericht des Polnischen Botschafters in Washington, Grafen Jerzy Potocki, an den Polnischen Außenminister in Warschau vom 16. Januar 1939

Deutsche Übersetzung des vorstehenden Faksimile

Botschaft   16. Januar 1939
der Republik Polen
in Washington   **G e h e i m !**
3/SZ-tjn-4

Betr.: Unterredung mit dem Botschafter Bullitt

An den
      Herrn A u ß e n m i n i s t e r
                in Warschau

Vorgestern hatte ich eine längere Unterhaltung mit dem Botschafter Bullitt in der Botschaft, wo er mich besuchte. B. reist am 21. d. Mts. nach Paris, nachdem er fast drei Monate abwesend war. Er fährt mit einem ganzen „Koffer" voll Instruktionen, Unterredungen und Direktiven vom Präsidenten Roosevelt, vom Staatsdepartement und von den Senatoren, die zu der Kommission für Auswärtige Angelegenheiten gehören.

Aus der Unterhaltung mit Bullitt hatte ich den Eindruck, daß er vom Präsidenten Roosevelt eine ganz genaue Definition des Standpunktes erhalten hat, den die Vereinigten Staaten bei der heutigen europäischen Krise einnehmen. Er soll dieses Material am Quai d'Orsay vortragen und soll auch in seinen Unterredungen mit europäischen Staatsmännern davon Gebrauch machen. Der Inhalt dieser Direktiven, die mir Bullitt im Laufe seiner halbstündigen Unterhaltung anführte, ist wie folgt: 1. Eine Belebung der Außenpolitik unter Führung des Präsidenten Roosevelt, der scharf und unzweideutig die totalitären Staaten verurteilt. 2. Die Kriegsvorbereitungen der Vereinigten Staaten zur See, zu Lande und in der Luft, die in beschleunigtem Tempo durchgeführt werden und die kolossale Summe von Dollar 1 250 000 000 verschlingen. 3. Die entschiedene Ansicht des Präsidenten, daß Frankreich und England jeder Kompromißpolitik mit den Totalstaaten ein Ende machen müssen. Sie sollen auf keine Diskussion mit ihnen eingehen, die irgendwelche Gebietsveränderungen bezwecken. 4. Eine moralische Versicherung, daß die Vereinigten Staaten die Isolierungspolitik verlassen und bereit sind, im Falle eines Krieges aktiv auf Seiten Englands und Frankreichs einzugreifen. Amerika ist bereit, sein ganzes Material an Finanzen und Rohstoffen zu ihrer Verfügung zu stellen.

Auf meine Frage, welches Horoskop für 1939 Bullitt vorhersieht, antwortete er, daß er im Frühjahr die Gefahr eines Konflikts zwischen Frankreich und Italien wegen der Kolonien befürchtet. Er meint, daß der Sieg der Loyalisten in Spanien Frankreich in eine sehr schwere Lage bringen wird, denn es ist auf diese Weise von allen Seiten von faschistischen Staaten umringt. Mussolini wird dann ganz bestimmt auftreten und Frankreich mit Krieg bedrohen.

Auf meine Frage, ob denn Deutschland Mussolini bei diesem Unternehmen helfen wird, antwortete Bullitt, er sei der Ansicht, daß es recht zweifelhaft wäre, ob Hitler sich dazu verleiten ließe, außer moralischer Unterstützung auch tatsächlich an einem solchen Unternehmen teilzunehmen, denn dann ist es klar, daß ein Weltkrieg unvermeidlich sei.

Bullitt behauptete mit voller Bestimmtheit, Frankreich dürfe überhaupt auf keinerlei Abkommen mit Mussolini eingehen. Seit einigen Monaten hätte sich die Lage in Frankreich so weit gebessert, daß es sogar selbst das italienische Heer und die Flotte besiegen könnte, wenn Italien es unprovoziert angreifen sollte. Das Vorgehen Mussolinis bezeichnete er als ganz gewöhnliches „Gangstertum" und Erpressung, wobei er zu verstehen gab, daß jedoch zwischen Hitler und Mussolini als Diktatoren ein großer Unterschied ist und daß Mussolini im Vergleich zu Hitler nur ein kleiner Bandit ist.

Im weiteren Gespräch kam Bullitt auch auf Osteuropa und Deutschland zu sprechen. Er erklärte dabei, daß die polnische Außenpolitik unter der vorzüglichen Leitung des Herrn Ministers eine Prüfung ihrer Zweckmäßigkeit bestanden hätte: aus der vorjährigen Herbstkrise wäre Polen nicht nur mit der Waffe in der Hand, sondern als Sieger hervorgegangen.

Er fragte mich gleich nach den Beziehungen zwischen Polen und Sowjetrußland und nach dem Sinn einer Erneuerung des Nichtangriffspaktes zwischen Polen und Rußland. Ich antwortete, daß alles, was die Presse in der russischen Frage geschrieben hätte, freie Phantasien wären. Die Erneuerung des Nichtangriffspaktes mit den Sowjets war eine Notwendigkeit des Augenblicks, denn nach der tschechischen Krise haben sich die Beziehungen zwischen Polen und den Sowjets sehr verschlechtert. Es war nur der Punkt auf dem i, nicht mehr und nicht weniger. Es ging nur darum, die Beziehungen, die durch die Ereignisse aus dem Gleichgewicht gekommen waren, wieder in die Reihe zu bringen. Über unser Handelsabkommen mit den Sowjets, nach dem er fragte, sagte ich, daß es die Folge unserer Besitzergreifung des Olsagebietes und der großen Industrien gewesen sei. Polen war gezwungen, neue Absatzmärkte zu suchen, die es zum Teil in Sowjetrußland gefunden hat.

Sowjetrußland gegenüber war Bullitt ausgesprochen unfreundlich und wegwerfend gestimmt.

Er meinte ferner, daß Deutschland jetzt wohl kaum einen Angriff auf Osteuropa unternehmen würde, denn einerseits ist Polen zu stark, – andererseits ist die Sache mit Ungarn, Rumänien und Jugoslawien noch nicht so weit geklärt. Es müssen noch gewisse Vorbereitungen durchgeführt und die Stellungen gefestigt werden. Übrigens wäre er überzeugt, daß Deutschland seinen Plan mit der Ukraine durchführen werde, aber erst im Jahre 1940.

Ich habe mit Bullitt über diese Aktion nicht diskutiert. Ich fragte nur, ob die Westmächte in einem solchen Falle aktiv auftreten würden und ob sie das Reich zum angeblichen Schutz Sowjetrußlands angreifen würden. Bullitt antwortete, daß die demokratischen Staaten ein für allemal alle imaginären bewaffneten Interventionen zum Schutze irgendeines Staates, der zum Opfer eines deutschen Angriffes werden sollte, aufgegeben hätten.

Jerzy Potocki
Botschafter der Polnischen Republik

Alfred Seidl

DER FALL RUDOLF HESS 1941-1984

Dokumentation des Verteidigers

Universitas

Wolf Rüdiger Heß

Mein Vater
Rudolf Heß
Englandflug
und Gefangenschaft